수능 영어 1등급
지식 사전
Vol. 1

수능 영어 1등급
지식 사전
Vol. 1

The Knowledge Dictionary

최신 수능, 모의고사에서
EBS영어강사가 엄선한
<인문, 사회, 자연, 과학, 예술> 분야의
50개 소재 수록

| 목차 |

1. 두뇌의 가소성 (Brain Plasticity)

출처: 2022학년도 6월 모의고사

KNOWLEDGE 사전

우리의 두뇌는 경험과 학습을 통해 구조와 기능을 변화시킬 수 있는 가소성을 가진다. 예를 들어, 런던 택시기사들은 복잡한 도로망을 숙지하는 과정에서 공간 인지를 담당하는 해마 영역이 일반인보다 발달하는 것이 관찰되었다.

VOCA 사전

remarkable	a. 놀라운	remarkable achievement	놀라운 성취
structure	n. 구조	molecular structure	분자 구조
complex	a. 복잡한	complex issue	복잡한 문제
neural	a. 신경의	neural network	신경망
intricate	a. 복잡한	intricate design	복잡한 디자인
adapt	v. 적응하다	adapt to environment	환경에 적응하다
enhance	v. 향상시키다	enhance performance	성능을 향상시키다

QUIZ

1 "structure"의 의미로 가장 적절한 것은?

a) 기능

b) 구조

c) 동작

d) 변화

2 우리말 의미에 맞게 다음 철자로 시작하는 영단어를 쓰세요.

놀라운 : r_____

구조 : s_____

향상시키다 : e_____

독해 CHALLENGE

The human brain has a remarkable ability to change its structure and function based on experience and learning. For example, taxi drivers in London develop a more complex neural response in the brain area responsible for navigation as they memorize the city's intricate road system. Unlike an ordinary person, they adapt to this challenge by enhancing their spatial processing skills. This flexibility proves that the brain is not fixed but continuously reshapes itself through learning.

Answer Keys

Q1: b) 구조
Q2: a) remarkable / b) structure / c) enhance

독해 CHALLENGE 해석

인간의 뇌는 경험과 학습을 통해 구조와 기능을 변화시킬 수 있는 놀라운 능력을 가지고 있다. 예를 들어, 런던의 택시 운전사들은 도시의 복잡한 도로망을 외우면서 길 찾기를 담당하는 뇌 영역에서 더 복잡한 신경 반응을 발달시킨다. 일반인과 달리, 이들은 공간 처리 능력을 향상시키며 이러한 도전에 적응해 나간다. 이러한 유연성은 뇌가 고정된 것이 아니라, 학습을 통해 끊임없이 변화하고 재구성된다는 것을 보여준다.

2. 수요와 공급의 법칙 (Supply & Demand)

출처: 2024학년도 수능 30번

KNOWLEDGE 사전

상품의 가격은 일반적으로 수요와 공급이 일치하는 균형점에서 결정된다.

필수재인 식품은 가격 변동에도 수요가 크게 변하지 않지만,

전자기기와 같은 사치품은 가격이 높아지면 수요가 급감하여

거래량이 감소할 수 있다

VOCA 사전

equilibrium	n. 균형	market equilibrium	시장 균형
essential	a. 필수적인	essential goods	필수재
luxury	n. 사치(품)	luxury items	사치품
fluctuate	v. 변동하다	prices fluctuate	가격이 변동하다
transaction	n. 거래	financial transaction	금융 거래
scarcity	n. 부족, 희소성	resource scarcity	자원 부족
surplus	n. 과잉 / a. 과잉의	surplus production	과잉 생산

QUIZ

Q1. "scarcity"의 의미로 가장 적절한 것은?

a) 균형

b) 희소성

c) 거래

d) 과잉

Q2. 우리말 의미에 맞게 다음 철자로 시작하는 영단어를 쓰세요.

a) 균형 e_____

b) 변동하다 f_____

c) 희소성 s_____

독해 CHALLENGE

The price of goods is usually determined at a market equilibrium, where supply meets demand. Essential goods, like food, remain in demand despite price changes, while luxury items experience fluctuations as high prices reduce transactions. If scarcity occurs, prices rise, whereas a surplus leads to lower prices. This dynamic interaction ensures that markets continuously adjust to changing economic conditions.

Answer Keys

Q1: b) 희소성

Q2: a) equilibrium / b) fluctuate / c) scarcity

독해 CHALLENGE 해석

상품의 가격은 일반적으로 공급과 수요가 일치하는 시장 균형에서 결정된다. 식품과 같은 필수재는 가격 변동에도 일정한 수요를 유지하지만, 사치품은 가격이 오르면 거래가 줄어들어 변동 폭이 커진다. 희소성이 발생하면 가격이 상승하고, 반대로 공급이 과잉되면 가격이 하락한다. 이러한 역동적인 상호 작용을 통해 시장은 끊임없이 경제적 변화에 적응해 나간다.

3. 돌연변이의 영향
(Effects of Mutation)

출처: 2024학년도 수능 39번

KNOWLEDGE 사전

돌연변이는 유전자에 의해 생성되는 단백질의 변화로 인해 유전형질이 바뀌는 현상이다. 대부분의 돌연변이는 생물의 생존 가능성을 낮추지만, 일부는 환경에 적응하는 데 유리한 변화를 가져오기도 한다.

VOCA 사전

mutation	n. 돌연변이	genetic mutation	유전적 돌연변이
variation	n. 변이, 변화	genetic variation	유전적 변이
detrimental	a. 해로운	detrimental effect	해로운 영향
beneficial	a. 유익한	beneficial trait	유익한 형질
adaptation	n. 적응	evolutionary adaptation	진화적 적응
resilience	n. 회복력	biological resilience	생물학적 회복력
heredity	n. 유전	heredity factor	유전적 요인

QUIZ

Q1. "beneficial"의 의미로 가장 적절한 것은?

a) 해로운

b) 유익한

c) 무의미한

d) 변동적인

Q2. 우리말 의미에 맞게 다음 철자로 시작하는 영단어를 쓰세요.

a) 돌연변이 m_____

b) 적응 a_____

c) 회복력 r_____

독해 CHALLENGE

Mutations cause genetic variation by altering the proteins produced by genes. While many mutations have detrimental effects on an organism's survival, some lead to beneficial adaptations that enhance biological resilience. For example, certain genetic mutations help species survive in extreme environments by improving their heredity traits. This balance between harmful and beneficial mutations plays a crucial role in evolution.

Answer Keys

Q1: b) 유익한

Q2: a) mutation / b) adaptation / c) resilience

독해 CHALLENGE 해석

돌연변이는 유전자가 생성하는 단백질을 변화시켜 유전적 변이를 일으킨다.
대부분의 돌연변이는 생물의 생존에 해로운 영향을 미치지만, 일부는 유익한
적응을 유도하여 생물학적 회복력을 높인다. 예를 들어, 특정 유전적 돌연변
이는 극한 환경에서 생존할 수 있도록 유전 형질을 개선한다. 이 유해한 돌연
변이와 유익한 돌연변이 사이의 균형은 진화에서 결정적인 역할을 한다.

4. 뇌의 기억 방식
(Brain's Memory System)
출처: 2024학년도 수능 40번

KNOWLEDGE 사전

우리의 뇌는 과거에 습득한 정보를 단순화하고 응축하여 저장한다.

이를 통해 새로운 기억을 위한 공간을 확보하고

다양한 정보를 효과적으로 정리할 수 있다.

VOCA 사전

encode	v. 기호화하다	encode information	정보를 기호화하다
retrieval	n. 회상, 검색	memory retrieval	기억 회상
consolidate	v. 공고히 하다, 강화하다	consolidate memory	기억을 공고히 하다
retention	n. 유지, 보유	memory retention	기억 유지
cognitive	a. 인지의	cognitive process	인지 과정
schema	n. 개념 틀, 스키마	cognitive schema	인지적 개념 틀
storage	n. 저장	data storage	데이터 저장

QUIZ

Q1. "retrieval"의 의미로 가장 적절한 것은?

a) 저장

b) 회상

c) 삭제

d) 변형

Q2. 우리말 의미에 맞게 다음 철자로 시작하는 영단어를 쓰세요.

a) 유지 r_____

b) 저장 s_____

c) 인지적인 c_____

독해 CHALLENGE

The brain simplifies and encodes past experiences to optimize storage and retrieval. By consolidating important information, it enhances memory retention while making space for new knowledge. Cognitive schemas help organize stored data, allowing efficient recall and interpretation. This system ensures that learning remains adaptive and effective over time.

Answer Keys

Q1: b) 회상

Q2: a) retention / b) storage / c) cognitive

독해 CHALLENGE 해석

뇌는 기억 저장과 회상을 최적화하기 위해 과거 경험을 단순화하고 기호화한다. 중요한 정보를 공고히 하면서 새로운 지식을 저장할 공간을 확보한다. 인지적 개념의 틀(스키마)은 저장된 데이터를 정리하여 기억을 효율적으로 회상하고 해석할 수 있도록 돕는다. 이 시스템은 학습이, 시간이 지남에 따라, 적응적이고 효과적으로 유지되도록 보장한다.

5. 정동실재론 (Affective Realism)

출처: 2023년 3월 모의고사 22번

KNOWLEDGE 사전

정동실재론에 따르면 우리는 감정을 통해 사실을 판단한다.

즉, 우리가 경험하는 현실은 실제 사건이 아니라

감정이 만들어낸 해석에 의해 결정된다.

VOCA 사전

perception	n. 인식	emotional perception	감정적 인식
interpretation	n. 해석	subjective interpretation	주관적 해석
bias	n. 편향	cognitive bias	인지 편향
subjective	a. 주관적인	subjective reality	주관적 현실
intuition	n. 직관	gut intuition	직감적인 직관
construct	v. 형성하다	construct meaning	의미를 형성하다
distort	v. 왜곡하다	distort reality	현실을 왜곡하다

QUIZ

Q1. "bias"의 의미로 가장 적절한 것은?

a) 인식

b) 직관

c) 편향

d) 형성

Q2. 우리말 의미에 맞게 다음 철자로 시작하는 영단어를 쓰세요.

    a) 해석 i_____

    b) 왜곡하다 d_____

    c) 형성하다 c_____

독해 CHALLENGE

Affective realism suggests that our perception of reality is shaped by emotions rather than objective facts. This means our interpretation of events is often influenced by cognitive bias and subjective intuition. As a result, emotions construct meaning and can even distort reality, making experiences feel more personal than they truly are. Understanding this concept helps us recognize how emotions shape our worldview.

Answer Keys

Q1: c) 편향

Q2: a) interpretation / b) distort / c) construct

독해 CHALLENGE 해석

정동실재론에 따르면, 우리의 현실 인식은 객관적인 사실이 아니라 감정에 의해 형성된다. 즉, 사건에 대한 해석은 인지 편향과 주관적인 직관의 영향을 받는다. 그 결과, 감정은 의미를 형성하고 때로는 현실을 왜곡하여 경험을 실제보다 더욱 개인적인 것으로 만든다. 이 개념을 이해하면 감정이 세계관을 형성하는 방식을 인식하는 데 도움이 된다.

6. 뇌의 작동 방식
(Brain's Mechanism)

출처: 2023년 4월 모의고사 21번

KNOWLEDGE 사전

우리의 뇌는 예상 가능한 현실과

실제 현실이 일치할 때 안정감을 느낀다.

예측이 틀릴 경우, 뇌는 이를 위협으로 인식하고 불안을 느낀다.

VOCA 사전

anticipate	v. 예상하다	anticipate outcomes	결과를 예상하다
consistency	n. 일관성	mental consistency	정신적 일관성
discrepancy	n. 불일치, 차이	cognitive discrepancy	인지적 불일치
threat	n. 위협	perceived threat	지각된 위협
adapt	v. 적응하다	adapt to changes	변화에 적응하다
process	v. 처리하다	process information	정보를 처리하다
stimulus	n. 자극	external stimulus	외부 자극

QUIZ

Q1. "discrepancy"의 의미로 가장 적절한 것은?

a) 일관성

b) 적응

c) 불일치

d) 자극

Q2. 우리말 의미에 맞게 다음 철자로 시작하는 영단어를 쓰세요.

a) 위협 t_____

b) 적응하다 a_____

c) 자극 s_____

독해 CHALLENGE

The brain feels secure when anticipated outcomes match reality, maintaining mental consistency. However, a discrepancy between expectations and actual events is perceived as a threat, triggering anxiety. To adapt, the brain processes new stimuli and adjusts its predictions to restore stability. This dynamic system allows us to navigate an ever-changing environment effectively.

Answer Keys

Q1: c) 불일치

Q2: a) threat / b) adapt / c) stimulus

독해 CHALLENGE 해석

우리의 뇌는 예상한 결과가 현실과 일치할 때 안정감을 느끼며 정신적 일관성을 유지한다. 그러나 기대와 실제 상황 사이에 불일치가 발생하면 뇌는 이를 위협으로 인식하여 불안을 유발한다. 이에 적응하기 위해, 뇌는 새로운 자극을 처리하고 예측을 조정하여 안정성을 회복한다. 이러한 역동적인 시스템 덕분에 우리는 끊임없이 변화하는 환경을 효과적으로 탐색할 수 있다.

7. 욕구와 광고
(Needs and Advertisement)

출처: 2023년 3월 모의고사 30번

KNOWLEDGE 사전

광고는 사람들이 현재 삶에 부족함이 있다고 느끼도록 유도하여
소비를 촉진한다. 하지만 이러한 소비는 근본적인 욕구를
해결하지 못하고 지속적인 소비로 이어진다.

VOCA 사전

manipulate	v. 조종하다	manipulate emotions	감정을 조종하다
dissatisfaction	n. 불만족	consumer dissatisfaction	소비자의 불만족
influence	v. 영향을 미치다	influence behavior	행동에 영향을 미치다
reinforce	v. 강화하다	reinforce desires	욕구를 강화하다
urge	n. 충동	strong urge	강한 충동
consumption	n. 소비	excessive consumption	과도한 소비
sustain	v. 지속하다	sustain demand	수요를 지속하다

QUIZ

Q1. "reinforce"의 의미로 가장 적절한 것은?

a) 강화하다

b) 소비하다

c) 조종하다

d) 지속하다

Q2. 우리말 의미에 맞게 다음 철자로 시작하는 영단어를 쓰세요.

a) 조종하다 m_____

b) 소비 c_____

c) 충동 u_____

독해 CHALLENGE

Advertisements manipulate emotions by creating a sense of dissatisfaction, making people feel they lack something in their lives. This dissatisfaction influences consumer behavior, reinforcing desires and triggering the urge to buy. However, excessive consumption does not truly satisfy fundamental needs but instead sustains demand for more products. As a result, advertising creates a cycle where temporary fulfillment leads to continuous spending.

Answer Keys

Q1: a) 강화하다

Q2: a) manipulate / b) consumption / c) urge

독해 CHALLENGE 해석

광고는 감정을 조종하여 사람들이 현재 삶에 부족함을 느끼도록 만들어 불만족을 유발한다. 이러한 불만족은 소비자의 행동에 영향을 미쳐 욕구를 강화하고 구매 충동을 일으킨다. 그러나 과도한 소비는 근본적인 욕구를 충족시키지 못하며 오히려 더 많은 제품에 대한 수요를 지속시킨다. 그 결과, 광고는 일시적인 만족이 지속적인 소비로 이어지는 순환을 만들어낸다.

8. 인공지능의 한계 (Limits of AI)

출처: 2023년 3월 모의고사 39번

KNOWLEDGE 사전

인공지능은 데이터 분석과 패턴 인식에서 뛰어난 성과를 보이지만,
상관관계와 인과관계를 구분하는 추론 능력은 아직 인간보다 부족하다.
복잡한 맥락을 요구하는 문제 해결에서 AI는 인간의 판단을
보조하는 역할에 적합하다.

VOCA 사전

correlation	n. 상관관계	statistical correlation	통계적 상관관계
reasoning	n. 추론	causal reasoning	인과적 추론
automate	v. 자동화하다	automate processes	프로세스를 자동화하다
assist	v. 돕다	assist in decision-making	의사결정을 돕다
complexity	n. 복잡성	problem complexity	문제의 복잡성
inference	n. 추론	logical inference	논리적 추론
limitation	n. 한계	technical limitation	기술적 한계

QUIZ

Q1. "inference"의 의미로 가장 적절한 것은?

a) 자동화

b) 상관관계

c) 추론

d) 한계

Q2. 우리말 의미에 맞게 다음 철자로 시작하는 영단어를 쓰세요.

a) 복잡성 c_____

b) 한계 l_____

c) 추론 r_____

독해 CHALLENGE

Artificial intelligence excels at recognizing patterns and identifying correlations, but its causal reasoning abilities remain limited. While AI can automate processes and assist in decision-making, it struggles with complex inference tasks that require deep understanding. Due to these limitations, AI serves as a tool to support human judgment rather than replace it. As problems increase in complexity, human reasoning remains essential for accurate conclusions.

Answer Keys

Q1: c) 추론

Q2: a) complexity / b) limitation / c) reasoning

독해 CHALLENGE 해석

인공지능은 패턴 인식과 상관관계 식별에 뛰어나지만, 인과적 추론 능력은
여전히 제한적이다. AI는 자동화를 통해 의사결정을 지원하지만, 깊은 이해
가 필요한 복잡한 추론에서는 한계를 보인다. 이러한 제한으로 인해 AI는 인
간의 판단을 대체하기보다 보조하는 도구로 활용된다. 문제가 더 복잡해질수
록, 정확한 결론을 위해서는 인간의 추론 능력이 여전히 필수적이다.

9. 호르몬의 작용 방식
(Hormone's Action Mechanism)

출처: 2023년 4월 모의고사 30번

KNOWLEDGE 사전

호르몬은 특정한 수용체와 결합하여 신체의 다양한 기능을 조절한다.

신체 균형을 유지하기 위해 호르몬의 분비는

피드백 조절을 통해 조절된다.

VOCA 사전

regulate	v. 조절하다	regulate metabolism	신진대사를 조절하다
receptor	n. 수용체	hormone receptor	호르몬 수용체
activate	v. 활성화하다	activate a response	반응을 활성화하다
secretion	n. 분비	hormone secretion	호르몬 분비
feedback	n. 피드백	constructive feedback	건설적인 피드백
endocrine	a. 내분비의	endocrine system	내분비계
maintain	v. 유지하다	maintain balance	균형을 유지하다

QUIZ

Q1. "secretion"의 의미로 가장 적절한 것은?

a) 조절

b) 수용체

c) 분비

d) 활성화

Q2. 우리말 의미에 맞게 다음 철자로 시작하는 영단어를 쓰세요.

a) 조절하다 r_____

b) 활성화하다 a_____

c) 유지하다 m_____

독해 CHALLENGE

Hormones regulate various bodily functions by binding to specific receptors and activating responses. Their secretion is controlled through a feedback mechanism to maintain endocrine balance. If hormone levels fluctuate, the body adjusts secretion to restore stability. This precise regulation ensures that essential physiological processes function properly.

Answer Keys

Q1: c) 분비

Q2: a) regulate / b) activate / c) maintain

독해 CHALLENGE 해석

호르몬은 특정 수용체와 결합하여 반응을 활성화함으로써 다양한 신체 기능을 조절한다. 호르몬 분비는 내분비 균형을 유지하기 위해 피드백을 통해 조절된다. 호르몬 수치가 변동하면, 신체는 분비를 조정하여 안정성을 회복한다. 이 정밀한 조절은 필수적인 생리적 과정이 적절하게 기능하도록 보장한다.

10. 포스트모더니즘
(Postmodernism)
출처: 2023년 4월 모의고사 35번

KNOWLEDGE 사전

포스트모더니즘은 절대적 진리를 거부하고 다양한 해석과 관점을 존중하는 철학적 흐름이다. 이 개념은 언어와 의미가 고정될 수 없음을 강조하며, 사회와 문화에 대한 다층적인 이해를 촉진한다.

VOCA 사전

reject	v. 거부하다	reject an idea	개념을 거부하다
absolute	a. 절대적인	absolute truth	절대적 진리
interpretation	n. 해석	multiple interpretations	다양한 해석
perspective	n. 관점	unique perspective	독특한 관점
instability	n. 불안정성	linguistic instability	언어의 불안정성
deconstruct	v. 해체하다	deconstruct a concept	개념을 해체하다
relativism	n. 상대주의	cultural relativism	문화적 상대주의

QUIZ

Q1. "perspective"의 의미로 가장 적절한 것은?

a) 해석

b) 관점

c) 절대성

d) 불안정성

Q2. 우리말 의미에 맞게 다음 철자로 시작하는 영단어를 쓰세요.

   a) 해석 i_____

   b) 상대주의 r_____

   c) 해체하다 d_____

독해 CHALLENGE

Postmodernism rejects the idea of absolute truth and embraces multiple interpretations and perspectives. It emphasizes linguistic instability, arguing that meaning is not fixed but constantly deconstructed. This philosophical approach promotes cultural relativism, encouraging a deeper understanding of diverse societies. By challenging traditional structures, postmodernism reshapes how we perceive reality.

Answer Keys

Q1: b) 관점

Q2: a) interpretation / b) relativism / c) deconstruct

독해 CHALLENGE 해석

포스트모더니즘은 절대적 진리를 거부하고 다양한 해석과 관점을 수용한다. 이 사상은 언어의 불안정성을 강조하며, 의미가 고정된 것이 아니라 지속적으로 해체된다고 주장한다. 이러한 철학적 접근은 문화적 상대주의를 촉진하여 다양한 사회에 대한 깊은 이해를 유도한다. 전통적인 구조에 도전함으로써, 포스트모더니즘은 우리가 현실을 인식하는 방식을 재형성한다.

11. 인플레이션
(Inflation)

출처: 2016년 6월 모의고사 22번

KNOWLEDGE 사전

인플레이션은 통화 가치가 하락하고 물가가 상승하는 경제 현상이다.

이는 소비자의 구매력을 감소시키며,

경제 정책과 경기 변동에 따라 영향을 받는다.

VOCA 사전

inflation	n. 인플레이션	rising inflation	상승하는 인플레이션
decline	v. 하락하다	decline sharply	급격히 하락하다
currency	n. 통화	currency depreciation	통화 가치 하락
adjust	v. 조정하다	adjust settings	설정을 조정하다
interest rate	n. 금리	raise interest rates	금리를 인상하다
stabilize	v. 안정화하다	stabilize market	시장을 안정화하다
disrupt	v. 방해하다	disrupt service	서비스를 방해하다

QUIZ

Q1. "currency"의 의미로 가장 적절한 것은?

a) 경제

b) 통화

c) 생활비

d) 금리

Q2. 우리말 의미에 맞게 다음 철자로 시작하는 영단어를 쓰세요.

a) 인플레이션 i_____

b) 조정하다 a_____

c) 안정화하다 s_____

독해 CHALLENGE

Inflation occurs when the value of currency declines, leading to higher prices and reduced purchasing power. As the cost of living rises, wages may increase, but this does not always keep pace with inflation. Economic policies, such as adjusting interest rates, are used to control inflation and stabilize the economy. However, excessive inflation can disrupt financial stability and impact global markets.

Answer Keys

Q1: b) 통화

Q2: a) inflation / b) adjust / c) stabilize

독해 CHALLENGE 해석

인플레이션은 통화 가치가 하락하면서 물가가 상승하고 구매력이 감소하는 현상이다. 생활비가 오르면 임금도 상승할 수 있지만, 이는 항상 인플레이션 속도를 따라가지는 않는다. 경제 정책은 금리 조정과 같은 방식을 통해 인플레이션을 조절하고 경제를 안정시키는 역할을 한다. 그러나 과도한 인플레이션은 금융 안정성을 해치고 세계 시장에 영향을 미칠 수 있다.

12. 열과 온도
(Heat and Temperature)

출처: 2016년 6월 모의고사 38번

KNOWLEDGE 사전

온도는 물질 내부 분자의 평균 운동 에너지를 나타내며,

열은 물체 간 에너지의 이동을 의미한다. 두 물체의 온도가 같아도

질량이 큰 물체는 더 많은 분자를 포함하므로 총 열에너지가 더 크다.

VOCA 사전

temperature	n. 온도	room temperature	실내 온도
substance	n. 물질	chemical substance	화학 물질
transfer	v. 이동하다	transfer data	데이터를 이동하다
mass	n. 질량	calculate mass	질량을 계산하다
thermal	a. 열의	thermal energy	열 에너지
equilibrium	n. 평형	reach equilibrium	평형에 도달하다
store	v. 저장하다	store information	정보를 저장하다

QUIZ

Q1. "equilibrium"의 의미로 가장 적절한 것은?

a) 열

b) 분자

c) 평형

d) 온도

Q2. 우리말 의미에 맞게 다음 철자로 시작하는 영단어를 쓰세요.

a) 온도 t_____

b) 물질 s_____

c) 평형 e_____

독해 CHALLENGE

Temperature measures the movement of molecules within a substance, while heat refers to the transfer of energy between objects. Even if two objects have the same temperature, the one with greater mass contains more thermal energy. Heat naturally transfers from a hotter object to a cooler one until thermal equilibrium is reached. This process explains why larger objects can store more heat despite having the same temperature as smaller ones.

Answer Keys

Q1: c) 평형

Q2: a) temperature / b) substance / c) equilibrium

독해 CHALLENGE 해석

온도는 물질 내부에서 분자의 운동 정도를 나타내며, 열은 물체 간 에너지가 이동하는 현상을 의미한다. 두 물체의 온도가 같더라도, 질량이 큰 물체는 더 많은 열 에너지를 포함할 수 있다. 열은 자연스럽게 더 뜨거운 물체에서 더 차가운 물체로 이동하며, 결국 열적 평형에 도달한다. 이 과정은 같은 온도라 도 더 큰 물체가 더 많은 열을 저장할 수 있는 이유를 설명해 준다.

13. 음악과 수학의 관계 (Music and Mathematics)

출처: 2016년 9월 모의고사 21번

KNOWLEDGE 사전

음악은 주파수, 리듬, 박자 등 수학적 원리에 기반한다.

예를 들어, 화음과 음계의 구조는 정수 비율을 따르며,

이는 음악 이론과 조화학에서 중요한 역할을 한다.

VOCA 사전

frequency	n. 주파수	sound frequency	소리 주파수
rhythm	n. 리듬	steady rhythm	일정한 리듬
harmony	n. 화음	musical harmony	음악적 화음
scale	n. 음계	major scale	장음계
ratio	n. 비율	mathematical ratio	수학적 비율
structure	n. 구조	musical structure	음악 구조
mathematical	a. 수학적인	mathematical equation	수학적 방정식

QUIZ

Q1. "harmony"의 의미로 가장 적절한 것은?

a) 구조

b) 리듬

c) 화음

d) 주파수

Q2. 우리말 의미에 맞게 다음 철자로 시작하는 영단어를 쓰세요.

a) 리듬 r_____

b) 비율 r_____

c) 구조 s_____

독해 CHALLENGE

Music is deeply connected to mathematics, as it relies on frequency, rhythm, and structured ratios. Harmonic relationships in chords and musical scales follow precise mathematical ratios, creating a sense of balance and order. The structure of melodies and rhythms can be analyzed using mathematical principles, demonstrating the predictability and patterns within music. This connection explains why mathematical concepts play a crucial role in music theory and composition.

Answer Keys

Q1: c) 화음

Q2: a) rhythm / b) ratio / c) structure

독해 CHALLENGE 해석

음악은 주파수, 리듬, 구조적 비율을 기반으로 하여 수학과 깊이 연결되어 있다. 화음과 음계의 관계는 정밀한 수학적 비율을 따르며, 이는 균형과 질서를 형성한다. 멜로디와 리듬의 구조는 수학적 원리로 분석될 수 있으며, 이는 음악 속의 예측 가능성과 패턴을 보여준다. 이러한 연결성은 음악 이론과 작곡에서 수학적 개념이 중요한 역할을 하는 이유를 설명해 준다.

14. 환경에 따른 전통의 변화
(Environment Changing Traditions)

출처: 2016년 9월 모의고사 33번

KNOWLEDGE 사전

전통은 환경과 사회적 변화에 따라 지속적으로 변해왔다. 예를 들어, 유목 생활에서 농경 사회로 변화하면서 의복, 주거 방식, 음식 문화 등이 점진적으로 변형되었으며, 유용한 요소들은 다시 전통 속에 융합되었다.

VOCA 사전

tradition	n. 전통	cultural tradition	문화적 전통
evolution	n. 진화, 발전	social evolution	사회적 진화
agriculture	n. 농업	organic agriculture	유기농 농업
modification	n. 수정, 변화	gradual modification	점진적 변화
influence	n. 영향	cultural influence	문화적 영향
adaptation	n. 적응	environmental adaptation	환경적 적응
integration	n. 통합	integration of traditions	전통의 통합

QUIZ

Q1. "modification"의 의미로 가장 적절한 것은?

a) 전통

b) 적응

c) 변화

d) 농업

Q2. 우리말 의미에 맞게 다음 철자로 시작하는 영단어를 쓰세요.

a) 전통 t_____

b) 적응 a_____

c) 통합 i_____

독해 CHALLENGE

Traditions continuously evolve as societies adapt to environmental and social changes. The transition from a nomadic lifestyle to an agricultural society, for example, led to modifications in clothing, housing, and food culture. While traditions are influenced by new circumstances, useful elements are often preserved and integrated into evolving cultural practices. This process highlights how adaptation and integration shape the continuity of traditions over time.

Answer Keys

Q1: c) 변화

Q2: a) tradition / b) adaptation / c) integration

독해 CHALLENGE 해석

전통은 환경과 사회적 변화에 적응하면서 지속적으로 발전해 왔다. 예를 들어, 유목 생활에서 농경 사회로의 변화는 의복, 주거 방식, 음식 문화의 변화를 가져왔다. 전통은 새로운 환경의 영향을 받지만, 유용한 요소들은 보존되어 변화하는 문화 속에 자연스럽게 녹아든다. 이러한 과정은 적응과 통합이 전통의 지속성을 유지하는 데 중요한 역할을 한다는 것을 보여준다.

15. 인과관계와 상관관계 (Causation and Correlation)

출처: 2016년 9월 모의고사 31번

KNOWLEDGE 사전

인과관계는 한 사건이 다른 사건을 직접적으로 유발하는 것을 의미하며, 시간적 선후성이 전제된다. 반면, 상관관계는 두 사건이 함께 발생하는 경향을 보이지만, 한 사건이 다른 사건의 원인인지 확실하지 않은 경우를 말한다.

VOCA 사전

causation	n. 인과관계	direct causation	직접적인 인과관계
correlation	n. 상관관계	strong correlation	강한 상관관계
phenomenon	n. 현상	observed phenomenon	관찰된 현상
misinterpret	v. 오해하다	misinterpret data	데이터를 오해하다
assumption	n. 가정	false assumption	잘못된 가정
bias	n. 편향	statistical bias	통계적 편향

QUIZ

Q1. "correlation"의 의미로 가장 적절한 것은?

a) 인과관계

b) 상관관계

c) 현상

d) 가정

Q2. 우리말 의미에 맞게 다음 철자로 시작하는 영단어를 쓰세요.

a) 인과관계 c_____

b) 현상 p_____

c) 편향 b_____

독해 CHALLENGE

Causation occurs when one event directly leads to another, requiring a clear cause-and-effect relationship. In contrast, correlation describes the tendency of two phenomena to occur together without proving one causes the other. Misinterpreting correlation as causation can lead to false assumptions and biases in data analysis. Understanding this distinction is crucial for accurately interpreting statistical relationships and avoiding misleading conclusions.

Answer Keys

Q1: b) 상관관계

Q2: a) causation / b) phenomenon / c) bias

독해 CHALLENGE 해석

인과관계는 한 사건이 다른 사건을 직접적으로 초래할 때 성립하며, 명확한 원인과 결과의 관계가 필요하다. 반면, 상관관계는 두 현상이 함께 발생하는 경향을 나타내지만, 한 현상이 다른 현상의 원인이라고 단정할 수는 없다. 상관관계를 인과관계로 혼동하면 잘못된 가정과 편향을 초래할 수 있다. 이러한 차이를 이해하는 것은 통계적 관계를 정확히 해석하고, 잘못된 결론을 피하는 데 필수적이다.

16. 미학
(Aesthetics)

출처: 2016년 9월 모의고사 37번

KNOWLEDGE 사전

미학은 예술과 자연의 아름다움을 연구하는 철학적 분야이다.

이는 단순한 감각적 즐거움을 넘어, 사람들이 아름다움을 어떻게

경험하고 해석하는지에 대한 깊은 이해를 포함한다.

VOCA 사전

aesthetics	n. 미학	study of aesthetics	미학 연구
perception	n. 인식	aesthetic perception	미적 인식
appreciation	n. 감상	deep appreciation	깊은 감상
emotion	n. 감정	evoke emotion	감정을 불러일으키다
harmony	n. 조화	visual harmony	시각적 조화
interpretation	n. 해석	subjective interpretation	주관적 해석
philosophy	n. 철학	philosophy of beauty	아름다움의 철학

QUIZ

Q1. "perception"의 의미로 가장 적절한 것은?

a) 감각

b) 조화

c) 인식

d) 감정

Q2. 우리말 의미에 맞게 다음 철자로 시작하는 영단어를 쓰세요.

a) 미학 a_____

b) 감상 a_____

c) 해석 i_____

독해 CHALLENGE

Aesthetics is the philosophical study of beauty in art and nature, exploring how people perceive and interpret it. More than just sensory pleasure, it involves deep appreciation and emotional responses to visual harmony. Since aesthetic perception is subjective, interpretations of beauty vary across cultures and individuals. This field highlights the complex relationship between emotion, philosophy, and artistic expression.

Answer Keys

Q1: c) 인식

Q2: a) aesthetics / b) appreciation / c) interpretation

독해 CHALLENGE 해석

미학은 예술과 자연 속 아름다움을 연구하는 철학적 분야로, 사람들이 이를 어떻게 인식하고 해석하는지를 탐구한다. 이는 단순한 감각적 즐거움을 넘어, 시각적 조화에 대한 깊은 감상과 감정적 반응을 포함한다. 미적 인식은 주관적이므로, 아름다움에 대한 해석은 문화와 개인에 따라 다르게 나타난다. 미학은 감정, 철학, 예술적 표현 간의 복잡한 관계를 강조하는 분야이다.

17. 실험의 객관성
(Objectivity of Scientific Experiments)

출처: 2016년 9월 모의고사 39번

KNOWLEDGE 사전

과학 실험은 객관성을 유지해야 하지만, 연구자의 편향이 실험 과정에

영향을 미칠 수 있다. 따라서 실험의 객관성을 보장하기 위해

반복 실험과 동료 검토가 중요하다.

VOCA 사전

objectivity	n. 객관성	scientific objectivity	과학적 객관성
bias	n. 편향	eliminate bias	편향을 제거하다
replication	n. 복제, 반복, 실험 재현	experiment replication	실험 반복
experiment	n. 실험	controlled experiment	통제된 실험
hypothesis	n. 가설	test a hypothesis	가설을 검증하다
validity	n. 타당성	ensure validity	타당성을 보장하다
interpretation	n. 해석	data interpretation	데이터 해석

QUIZ

Q1. "replication"의 의미로 가장 적절한 것은?

a) 해석

b) 복제

c) 편향

d) 가설

Q2. 우리말 의미에 맞게 다음 철자로 시작하는 영단어를 쓰세요.

a) 객관성 o_____

b) 실험 e_____

c) 가설 h_____

독해 CHALLENGE

Scientific experiments must maintain objectivity, but researcher bias can influence the process. To ensure validity, replication of experiments and peer review help eliminate bias and confirm results. A well-controlled experiment tests a hypothesis under consistent conditions, reducing subjective interpretation. This rigorous approach strengthens the reliability of scientific findings.

Answer Keys

Q1: b) 복제

Q2: a) objectivity / b) experiment / c) hypothesis

독해 CHALLENGE 해석

과학 실험은 객관성을 유지해야 하지만, 연구자의 편향이 실험 과정에 영향을 미칠 수 있다. 타당성을 보장하기 위해 실험 반복과 동료 검토를 통해 편향을 제거하고 결과를 확인하는 것이 중요하다. 잘 통제된 실험은 일정한 조건에서 가설을 검증하여 주관적 해석을 줄인다. 이러한 엄격한 접근 방식은 과학적 연구 결과의 신뢰성을 강화한다.

18. 핵심종
(Keystone Species)
출처: 2016년 9월 모의고사 40번

KNOWLEDGE 사전

핵심종은 생태계 내에서 중요한 역할을 하는 종으로, 다른 생물들의 생존에 큰 영향을 미친다. 예를 들어, 해달은 성게 개체 수를 조절하여 해양 생태계를 안정적으로 유지한다.

VOCA 사전

keystone	n. 핵심 요소	keystone species	핵심종
ecosystem	n. 생태계	balanced ecosystem	균형 잡힌 생태계
stability	n. 안정성	ecosystem stability	생태계 안정성
biodiversity	n. 생물 다양성	preserve biodiversity	생물 다양성을 보존하다
predator	n. 포식자	top predator	최상위 포식자
extinction	n. 멸종	prevent extinction	멸종을 방지하다
interdependence	n. 상호 의존	ecological interdependence	생태적 상호 의존

QUIZ

Q1. "biodiversity"의 의미로 가장 적절한 것은?

a) 생물 다양성

b) 포식자

c) 핵심 요소

d) 멸종

Q2. 우리말 의미에 맞게 다음 철자로 시작하는 영단어를 쓰세요.

    a) 생태계 e_____

    b) 멸종 e_____

    c) 포식자 p_____

독해 CHALLENGE

A keystone species plays a crucial role in maintaining ecosystem stability and biodiversity. As top predators or regulators, they control populations of other species, preventing imbalances that could lead to extinction. For example, sea otters help sustain marine ecosystems by keeping sea urchin populations in check. This ecological interdependence highlights the importance of preserving keystone species for a balanced environment.

Answer Keys

Q1: a) 생물 다양성

Q2: a) ecosystem / b) extinction / c) predator

독해 CHALLENGE 해석

핵심종은 생태계의 안정성과 생물 다양성을 유지하는 데 중요한 역할을 한다. 최상위 포식자 또는 생태계 조절자로서 다른 종의 개체 수를 조절해 멸종과 같은 불균형을 막는다. 예를 들어, 해달은 성게 개체군을 통제함으로써 해양 생태계 유지에 기여한다. 이러한 상호 의존성은 균형 잡힌 환경을 위해 핵심종을 보존하는 것이 중요함을 보여준다.

19. 멀티태스킹이라는 착각
(Illusion of Multitasking)

출처: 2015년 수능 31번

KNOWLEDGE 사전

멀티태스킹은 여러 작업을 동시에 수행하는 것처럼 보이지만, 사실은 주의력을 빠르게 전환하는 과정이다. 인간의 뇌는 한 번에 하나의 작업에 집중하도록 설계되어 있으며, 멀티태스킹은 오히려 생산성을 떨어뜨릴 수 있다.

VOCA 사전

multitasking	n. 다중 작업	effective multitasking	효과적인 다중 작업
switch	v. 전환하다	switch attention	주의를 전환하다
efficiency	n. 효율성	decrease efficiency	효율성을 감소시키다
performance	n. 수행 능력	task performance	작업 수행 능력
distraction	n. 방해 요소	major distraction	주요 방해 요소
maintain	v. 유지하다	maintain balance	균형을 유지하다
cognitive	a. 인지적인	cognitive ability	인지 능력

QUIZ

Q1. "cognitive"의 의미로 가장 적절한 것은?

a) 방해 요소

b) 인지적인

c) 집중

d) 수행 능력

Q2. 우리말 의미에 맞게 다음 철자로 시작하는 영단어를 쓰세요.

   a) 다중 작업 m_____

   b) 효율성 e_____

   c) 방해요소 d_____

독해 CHALLENGE

Multitasking appears to involve handling multiple tasks at once, but it is actually a rapid switching of attention. Since the human brain is designed to focus on one task at a time, constant switching decreases efficiency and task performance. Distractions caused by multitasking make it harder to maintain focus, leading to cognitive overload. This explains why multitasking is often an illusion rather than an effective way to work.

Answer Keys

Q1: b) 인지적인

Q2: a) multitasking / b) efficiency / c) distraction

독해 CHALLENGE 해석

멀티태스킹은 여러 작업을 동시에 수행하는 것처럼 보이지만, 실제로는 주의를 빠르게 전환하는 과정이다. 인간의 뇌는 한 번에 하나의 작업에 집중하도록 설계되어 있어, 지속적인 전환은 효율성과 수행 능력을 저하시킨다. 멀티태스킹으로 인해 발생하는 방해 요소는 집중을 어렵게 만들고, 인지과부하를 초래한다. 이것이 멀티태스킹이 효과적인 작업 방식이 아니라 착각에 불과한 이유이다.

20. 사회실재론
(Social Realism)

출처: 2015년 수능 40번

KNOWLEDGE 사전

사회실재론은 사회가 단순한 개인들의 집합이 아니라 독립적인 실체로 존재한다는 이론이다. 즉, 집단의 크기와 구조는 사회적 관계, 권력 분배, 의사결정 방식에 영향을 미친다.

VOCA 사전

realism	n. 현실주의	social realism	사회실재론
collective	a. 집단적인	collective identity	집단 정체성
interaction	n. 상호작용	social interaction	사회적 상호작용
hierarchy	n. 계층 구조	power hierarchy	권력 계층
governance	n. 통치	democratic governance	민주적 통치
structure	n. 구조	social structure	사회 구조
distribution	n. 분배	equal distribution	평등한 분배

QUIZ

Q1. "hierarchy"의 의미로 가장 적절한 것은?

a) 사회 구조

b) 계층 구조

c) 집단 정체성

d) 통치

Q2. 우리말 의미에 맞게 다음 철자로 시작하는 영단어를 쓰세요.

a) 현실주의 r_____

b) 상호작용 i_____

c) 분배 d_____

독해 CHALLENGE

Social realism argues that society is not just a collection of individuals but an independent entity with its own structure and influence. Social interactions, power hierarchy, and governance shape how collective identities are formed and maintained. The structure of a society affects communication, decision-making, and the distribution of authority. This perspective highlights the role of institutions in maintaining social order beyond individual actions.

Answer Keys

Q1: b) 계층 구조

Q2: a) realism / b) interaction / c) distribution

독해 CHALLENGE 해석

사회 실재론은 사회가 단순한 개인들의 집합이 아니라, 고유한 구조와 영향력을 지닌 독립적인 실체라고 주장한다. 사회적 상호작용, 권력 계층, 그리고 통치는 집단 정체성이 형성되고 유지되는 방식을 결정한다. 사회 구조는 의사소통, 의사결정 과정, 그리고 권력 분배 방식에 영향을 미친다. 이러한 관점은 사회 질서를 유지하는 데 있어 개인의 행동을 넘어 제도의 역할이 중요함을 강조한다.

21. 스트레스의 순기능 (Positive Effect of Stress)

출처: 2024년 9월 모의고사 29번

KNOWLEDGE 사전

적절한 스트레스는 동기부여와 문제 해결 능력을 향상시키는 긍정적인
역할을 한다. 스트레스는 경계 모드를 활성화하여 위험에 대비하고,
개인의 성장과 적응을 돕는다.

VOCA 사전

moderate	a. 적당한	moderate amount	적당한 양
motivation	n. 동기부여	increase motivation	동기부여를 증가시키다
activate	v. 활성화하다	activate system	시스템을 활성화하다
alertness	n. 경계 상태	maintain alertness	경계를 유지하다
adapt	v. 적응하다	adapt to stress	스트레스에 적응하다
boost	v. 증진시키다	boost confidence	자신감을 증진시키다
resilience	n. 회복력	emotional resilience	감정적 회복력

QUIZ

Q1. "resilience"의 의미로 가장 적절한 것은?

a) 회복력

b) 수행 능력

c) 도전

d) 동기부여

Q2. 우리말 의미에 맞게 다음 철자로 시작하는 영단어를 쓰세요.

a) 동기부여 m_____

b) 활성화하다 a_____

c) 증진시키다 b_____

독해 CHALLENGE

Moderate stress plays a positive role by increasing motivation and enhancing problem-solving skills. It activates alertness, helping individuals prepare for challenges and adapt to changing situations. Stress can also boost performance and build emotional resilience, leading to personal growth. When managed effectively, stress becomes a powerful tool for overcoming obstacles and achieving success.

Answer Keys

Q1: a) 회복력

Q2: a) motivation / b) activate / c) boost

독해 CHALLENGE 해석

적절한 스트레스는 동기부여를 높이고 문제 해결 능력을 향상시키며 긍정적인 역할을 한다. 스트레스는 경계 상태를 활성화하여 도전에 대비하고 변화하는 상황에 적응하는 데 도움을 준다. 또한, 수행 능력을 향상시키고 회복력을 키워 개인의 성장을 촉진할 수 있다. 효과적으로 관리되면, 스트레스는 장애물을 극복하고 성공을 이루는 강력한 도구가 된다.

22. 시간의 현상인 촉각
(Touch as a Temporal Phenomenon)

출처: 2021학년도 수능 24번

KNOWLEDGE 사전

촉각은 단순한 공간적 감각이 아니라, 시간과 깊이 있는 경험과 연결된다.

예를 들어, 손바닥에 놓인 물체를 가만히 두면 형태를 알아내기 어렵지만,

손가락을 움직이면 물체의 질감과 구조를 더 정확히 파악할 수 있다.

VOCA 사전

sensation	n. 감각	tactile sensation	촉각 감각
perception	n. 지각	sensory perception	감각 지각
interpretation	n. 해석	sensory interpretation	감각 해석
stimulus	n. 자극	external stimulus	외부 자극
texture	n. 질감	rough texture	거친 질감
spatial	a. 공간적인	spatial awareness	공간 인식
responsiveness	n. 반응성	neural responsiveness	신경 반응성

QUIZ

Q1. "stimulus"의 의미로 가장 적절한 것은?

a) 질감

b) 반응성

c) 자극

d) 지각

Q2. 우리말 의미에 맞게 다음 철자로 시작하는 영단어를 쓰세요.

　　a) 질감 t_____

　　b) 감각 s_____

　　c) 지각 p_____

독해 CHALLENGE

Touch is not just a spatial sensation but a temporal experience linked to movement and interaction. When a hand remains still, the perception of an object's shape is limited, but active movement enhances sensory interpretation. By responding to external stimuli over time, the brain processes texture and structure more accurately. This highlights how tactile sensation relies on both spatial awareness and temporal responsiveness.

Answer Keys

Q1: c) 자극

Q2: a) texture / b) sensation / c) perception

독해 CHALLENGE 해석

촉각은 단순한 공간적 감각이 아니라, 움직임과 상호작용이 결합된 시간적 경험이다. 손이 가만히 있을 때는 물체의 형태를 정확히 인식하기 어렵지만, 손가락을 움직이면 감각 해석이 더 정교해진다. 신체는 외부 자극에 대한 반응을 시간에 걸쳐 처리하며, 이를 통해 질감과 구조를 보다 정확하게 파악할 수 있다. 이는 촉각 감각이 공간 인식뿐만 아니라 시간적 반응성과도 깊이 연결되어 있음을 보여준다.

23. 편승 효과 (Bandwagon Effect)

출처: 2021학년도 수능 30번

KNOWLEDGE 사전

편승 효과란 사람들이 다른 사람들이 하는 행동을 따라 하려는 심리적 경향을 의미한다. 예를 들어, 많은 사람들이 특정 브랜드의 옷을 입으면, 그 브랜드의 인기가 더욱 증가하는 현상이 발생한다.

VOCA 사전

psychological	a. 심리적인	psychological effect	심리적 효과
adopt	v. 채택하다	adopt a behavior	행동을 채택하다
influence	n. 영향	social influence	사회적 영향
conformity	n. 동조	social conformity	사회적 동조
trend	n. 유행	fashion trend	패션 유행
widespread	a. 널리 퍼진	widespread belief	널리 퍼진 믿음
perception	n. 인식	public perception	대중 인식

QUIZ

Q1. "conformity"의 의미로 가장 적절한 것은?

a) 유행

b) 동조

c) 인식

d) 영향

Q2. 우리말 의미에 맞게 다음 철자로 시작하는 영단어를 쓰세요.

a) 유행 t_____

b) 영향 i_____

c) 채택하다 a_____

독해 CHALLENGE

The bandwagon effect describes the psychological tendency for people to adopt behaviors simply because others do. Social influence and conformity drive this phenomenon, making trends more widespread as public perception shifts. For example, when a fashion brand gains popularity, more people are likely to wear it, further reinforcing its trend status. This psychological effect explains how collective behavior shapes consumer choices and cultural movements.

Answer Keys

Q1: b) 동조

Q2: a) trend / b) influence / c) adopt

독해 CHALLENGE 해석

편승 효과란 사람들이 단순히 다른 사람들이 하는 행동을 따라 하려는 심리적 경향을 뜻한다. 사회적 영향과 동조 심리가 이 현상을 강화하며, 사람들의 인식이 변할수록 유행도 더욱 퍼진다. 예를 들어, 특정 패션 브랜드가 유명해지면 더 많은 사람이 그 브랜드의 옷을 입게 되고, 이는 유행을 더욱 가속화한다. 이처럼, 편승 효과는 집단 행동이 소비 선택과 문화적 흐름에 영향을 미치는 원리를 설명한다.

24. 예술의 주관성
(Subjectivity of Art)

출처: 2024년 6월 모의고사 33번

KNOWLEDGE 사전

예술은 각 개인의 경험과 해석에 따라 다르게 느껴질 수 있다.

같은 작품이라도 보는 사람의 배경과 감정에 따라

다양한 의미를 가질 수 있다.

VOCA 사전

단어	뜻	표현	뜻
interpretation	n. 해석	personal interpretation	개인적 해석
perception	n. 인식	artistic perception	예술적 인식
emotional	a. 감정적인	emotional response	감정적 반응
aesthetic	a. 미적인	aesthetic value	미적 가치
appreciation	n. 감상, 이해	art appreciation	예술 감상
perspective	n. 관점	historical perspective	역사적 관점
subjectivity	n. 주관성	artistic subjectivity	예술적 주관성

QUIZ

Q1. "perception"의 의미로 가장 적절한 것은?

a) 감정

b) 인식

c) 해석

d) 관점

Q2. 우리말 의미에 맞게 다음 철자로 시작하는 영단어를 쓰세요.

a) 감상 a_____

b) 미적인 a_____

c) 주관성 s_____

독해 CHALLENGE

Art is inherently subjective, as its meaning depends on personal interpretation and perception. The same artwork can evoke different emotional responses and aesthetic appreciation based on an individual's background and perspective. This diversity of interpretation highlights the flexibility of artistic expression. Ultimately, the subjectivity of art allows for a deeper and more personal connection between the viewer and the artwork.

Answer Keys

Q1: b) 인식

Q2: a) appreciation / b) aesthetic / c) subjectivity

독해 CHALLENGE 해석

예술은 본질적으로 주관적이며, 그 의미는 사람마다 다르게 해석되고 인식될 수 있다. 같은 작품이라도 감상자의 배경과 관점에 따라 감정적인 반응과 미적 감상이 다르게 나타난다. 이러한 해석의 다양성은 예술적 표현의 유연 성을 보여준다. 결국, 예술의 주관성은 감상자가 작품과 더 깊고 개인적인 연결을 형성할 수 있도록 한다.

25. 합리주의 (Rationalism)

출처: 2024년 6월 모의고사 34번

KNOWLEDGE 사전

합리주의는 인간이 이성과 논리를 바탕으로

최선의 결정을 내릴 수 있다고 보는 철학적 관점이다.

경제학, 사회과학, 윤리학 등 다양한 분야에서 활용된다.

VOCA 사전

rationalism	n. 합리주의	philosophical rationalism	철학적 합리주의
logic	n. 논리	flawed logic	결함 있는 논리
reasoning	n. 추론	deductive reasoning	연역적 추론
decision	n. 결정	rational decision	합리적 결정
principle	n. 원칙	fundamental principle	기본 원칙
evidence	n. 증거	empirical evidence	실증적 증거
justify	v. 정당화하다	justify an action	행동을 정당화하다

QUIZ

Q1. "justify"의 의미로 가장 적절한 것은?

a) 분석하다

b) 정당화하다

c) 포기하다

d) 선택하다

Q2. 우리말 의미에 맞게 다음 철자로 시작하는 영단어를 쓰세요.

a) 논리 l_____

b) 결정 d_____

c) 원칙 p_____

독해 CHALLENGE

Rationalism is a philosophical perspective that emphasizes logic and reasoning as the foundation for decision-making. It asserts that individuals can make rational decisions based on fundamental principles and evidence. This approach is widely applied in economics, social sciences, and ethics to justify actions and policies. By prioritizing reason over emotions, rationalism aims to achieve objective and well-founded conclusions.

Answer Keys

Q1: b) 정당화하다

Q2: a) logic / b) decision / c) principle

독해 CHALLENGE 해석

합리주의는 논리와 추론을 바탕으로 의사 결정을 내리는 철학적 관점이다. 이 관점에서는 사람이 기본 원칙과 증거를 바탕으로 합리적인 결정을 내릴 수 있다고 본다. 이러한 개념은 경제학, 사회과학, 윤리학 등 다양한 분야에서 행동과 정책을 정당화하는 데 활용된다. 감정보다 이성을 우선시함으로써, 합리주의는 객관적이고 근거 있는 결론을 도출하는 것을 목표로 한다.

26. 빛의 속력
(Speed of Light)

출처: 2021학년도 수능 30번

KNOWLEDGE 사전

빛의 속력은 진공에서 약 299,792,458m/s이며,

이는 자연에서 가장 빠른 속도이다.

상대성 이론에 따르면, 어떤 물체도 빛보다 빠르게 이동할 수 없다.

VOCA 사전

velocity	n. 속도	light velocity	빛의 속도
relativity	n. 상대성	theory of relativity	상대성 이론
particle	n. 입자	tiny particle	아주 작은 입자
constant	n. 상수	universal constant	보편 상수
electromagnetic	a. 전자기적인	electromagnetic wave	전자기파
wavelength	n. 파장	short wavelength	짧은 파장
transmission	n. 전송	signal transmission	신호 전송

QUIZ

Q1. "wavelength"의 의미로 가장 적절한 것은?

a) 속도

b) 입자

c) 파장

d) 전송

Q2. 우리말 의미에 맞게 다음 철자로 시작하는 영단어를 쓰세요.

a) 속도 v_____

b) 입자 p_____

c) 상대성 r_____

독해 CHALLENGE

The speed of light in a vacuum is approximately 299,792,458 m/s, making it the fastest velocity in nature. According to the theory of relativity, no particle or object can travel faster than this universal constant. Light, as an electromagnetic wave, maintains a fixed speed regardless of its wavelength or transmission medium. This principle is fundamental to modern physics and plays a crucial role in understanding space and time.

Answer Keys

Q1: c) 파장

Q2: a) velocity / b) particle / c) relativity

독해 CHALLENGE 해석

진공에서 빛의 속력은 약 299,792,458m/s로, 자연에서 가장 빠르다. 상대성 이론에 따르면, 어떤 입자나 물체도 이 보편적인 속도보다 더 빠르게 이동할 수 없다. 빛은 전자기파로서 파장이나 전송 매체에 관계없이 고정된 속력을 유지한다. 이 원리는 현대 물리학의 핵심 개념이며, 공간과 시간을 이해하는 데 중요한 역할을 한다.

27. 천연자원의 시장 가치와 비시장적 가치
(Market and Non-market Value of Natural Resources)

출처: 2024학년도 수능 23번

KNOWLEDGE 사전

천연자원은 경제적 가치뿐만 아니라 생태적, 사회적 가치를 가진다.

시장에서 거래되는 자원 외에도 환경 보전, 생물 다양성 등의

비시장적 가치가 중요하다.

VOCA 사전

resource	n. 자원	natural resources	천연자원
contribute	v. 기여하다	contribute significantly	상당히 기여하다
biodiversity	n. 생물 다양성	biodiversity conservation	생물 다양성 보전
sustainability	n. 지속 가능성	environmental sustainability	환경 지속 가능성
ecosystem	n. 생태계	ecosystem balance	생태계 균형
preservation	n. 보존	resource preservation	자원 보존
valuation	n. 평가	economic valuation	경제적 평가

QUIZ

Q1. "sustainability"의 의미로 가장 적절한 것은?

a) 평가

b) 지속 가능성

c) 자원

d) 균형

Q2. 우리말 의미에 맞게 다음 철자로 시작하는 영단어를 쓰세요.

    a) 자원 r_____

    b) 생물 다양성 b_____

    c) 생태계 e_____

독해 CHALLENGE

Natural resources hold both market and non-market value, contributing to the economy while supporting biodiversity and sustainability. While some resources are traded for economic gain, others provide ecological benefits, such as maintaining ecosystem balance and environmental preservation. The valuation of resources should consider not only their direct financial worth but also their long-term ecological and social impact. Recognizing these non-market values is essential for promoting sustainable resource management.

Answer Keys

Q1: b) 지속 가능성
Q2: a) resource / b) biodiversity / c) ecosystem

독해 CHALLENGE 해석

천연자원은 시장 가치뿐만 아니라 생물다양성과 지속가능성에 기여하는 비
시장적 가치를 지닌다. 일부 자원은 경제적 이익을 위해 거래되지만, 다른 자
원들은 생태계 균형 유지와 환경 보전과 같은 중요한 역할을 한다. 자원의
평가는 단순한 경제적 가치뿐만 아니라 장기적인 생태적, 사회적 영향을 고
려해야 한다. 이러한 비시장적 가치를 인식하는 것은 지속 가능한 자원 관리
를 촉진하는 데 필수적이다.

28. 과잉 관광 (Overtourism)

출처: 2024학년도 수능 24번

KNOWLEDGE 사전

과잉 관광은 한 지역에 너무 많은 관광객이 몰려 환경 파괴와 지역 사회 갈등을 초래하는 문제를 의미한다. 이를 해결하기 위해 관광객 수 제한, 친환경 여행 장려 등의 조치가 필요하다.

VOCA 사전

tourism	n. 관광	mass tourism	대규모 관광
environmental	a. 환경의	environmental impact	환경 영향
congestion	n. 혼잡	traffic congestion	교통 혼잡
sustainability	n. 지속 가능성	tourism sustainability	관광 지속 가능성
heritage	n. 유산	cultural heritage	문화유산
restrict	v. 제한하다	restrict access	접근을 제한하다
preservation	n. 보존	heritage preservation	유산 보존

QUIZ

Q1. "congestion"의 의미로 가장 적절한 것은?

a) 관광

b) 보존

c) 혼잡

d) 지속 가능성

Q2. 우리말 의미에 맞게 다음 철자로 시작하는 영단어를 쓰세요.

a) 관광 t_____

b) 유산 h_____

c) 제한하다 r_____

독해 CHALLENGE

Overtourism occurs when excessive numbers of tourists overcrowd a destination, leading to environmental damage and social conflicts. This phenomenon increases congestion and threatens the sustainability of cultural heritage and natural sites. To mitigate its impact, measures such as restricting visitor numbers and promoting eco-friendly travel are essential. Effective preservation strategies help balance tourism benefits with the need for long-term environmental and cultural protection.

Answer Keys

Q1: c) 혼잡

Q2: a) tourism / b) heritage / c) restrict

독해 CHALLENGE 해석

과잉 관광은 특정 지역에 지나치게 많은 관광객이 몰려 환경이 파괴되고 지역 사회 갈등이 발생하는 현상이다. 이로 인해 혼잡이 심해지고, 문화유산과 자연경관의 지속 가능성이 위협받는다. 이러한 부작용을 줄이려면 관광객 수를 제한하고, 친환경 여행을 장려하는 등의 조치가 필요하다. 효과적인 보존 전략을 통해 관광의 장점을 유지하면서도 환경과 문화적 자산을 오랫동안 보호할 수 있다.

29. 선천적 모방 욕구 (Innate Matching Drive)

출처: 2024학년도 수능 29번

KNOWLEDGE 사전

인간은 타인의 행동을 무의식적으로 따라 하려는 본능을 가지고 있다.

이러한 모방 욕구는 사회적 유대 형성과 학습 과정에서

중요한 역할을 한다.

VOCA 사전

unconscious	a. 무의식적인	unconscious reaction	무의식적 반응
instinct	n. 본능	survival instinct	생존 본능
mimic	v. 흉내 내다, 모방하다	mimic behavior	행동을 모방하다
bonding	n. 유대감	emotional bonding	감정적 유대
imitation	n. 모방	imitation learning	모방 학습
synchronization	n. 동기화	social synchronization	사회적 동기화
cognitive	a. 인지의	cognitive development	인지 발달

QUIZ

Q1. "instinct"의 의미로 가장 적절한 것은?

a) 학습

b) 본능

c) 기억

d) 사고

Q2. 우리말 의미에 맞게 다음 철자로 시작하는 영단어를 쓰세요.

a) 모방 i_____

b) 유대감 b_____

c) 무의식적인 u_____

독해 CHALLENGE

Humans have an unconscious instinct to mimic the behaviors of others, which plays a crucial role in social bonding and learning. This imitation process helps synchronize interactions, strengthening emotional connections within groups. Through social synchronization, individuals develop cognitive skills and adapt to their environments more effectively. Such an innate matching drive highlights the importance of imitation in human development and communication.

Answer Keys

Q1: b) 본능

Q2: a) imitation / b) bonding / c) unconscious

독해 CHALLENGE 해석

인간은 타인의 행동을 무의식적으로 따라하려는 본능을 가지고 있으며, 이는 사회적 유대감 형성과 학습에서 중요한 역할을 한다. 이러한 모방 과정은 상호작용을 조율하여 집단 내 감정적 유대를 강화한다. 사회적 조율을 통해 개인은 인지 능력을 키우고 환경에 더 효과적으로 적응할 수 있다. 이와 같은 선천적인 모방 욕구는 인간의 발달과 의사소통에서 모방이 중요한 역할을 한다는 것을 보여준다.

30. 다문화주의
(Multiculturalism)

출처: 2024학년도 9월 모의고사 22번

KNOWLEDGE 사전

다문화주의는 다양한 문화적 배경을 가진 사람들이 공존하고 상호 작용하는 사회적 가치를 의미한다. 이는 서로 다른 문화를 인정하고 존중하며, 사회 내에서 평등한 기회를 제공하는 것을 목표로 한다.

VOCA 사전

coexistence	n. 공존	peaceful coexistence	평화로운 공존
acceptance	n. 수용	acceptance of differences	차이의 수용
tolerance	n. 관용	social tolerance	사회적 관용
integration	n. 통합	cultural integration	문화적 통합
ethnicity	n. 민족성	ethnicity group	민족 집단
discrimination	n. 차별	racial discrimination	인종 차별
diversity	n. 다양성	cultural diversity	문화적 다양성

QUIZ

Q1. "integration"의 의미로 가장 적절한 것은?

a) 차별

b) 통합

c) 갈등

d) 배제

Q2. 우리말 의미에 맞게 다음 철자로 시작하는 영단어를 쓰세요.

a) 다양성 d_____

b) 공존 c_____

c) 관용 t_____

독해 CHALLENGE

Multiculturalism promotes the coexistence of diverse cultural backgrounds by encouraging mutual respect and acceptance. It emphasizes social tolerance and integration, ensuring equal opportunities for all ethnic groups. By reducing discrimination and fostering cultural diversity, societies become more inclusive and harmonious. This approach highlights the importance of embracing differences to create a more equitable and united community.

Answer Keys

Q1: b) 통합

Q2: a) diversity / b) coexistence / c) tolerance

독해 CHALLENGE 해석

다문화주의는 다양한 문화적 배경을 가진 사람들이 서로를 존중하고 받아들이며 함께 살아가도록 돕는다. 이 개념은 사회적 관용과 통합을 강조하여 모든 민족 집단이 평등한 기회를 가질 수 있도록 한다. 또한, 차별을 줄이고 문화적 다양성을 증진함으로써 사회를 더욱 포용적이고 조화롭게 만든다. 이와 같은 접근법은 차이를 받아들이는 것이 공정하고 통합된 공동체를 만드는 데 중요하다는 것을 보여준다.

31. 심리 통계학
(Psychological Statistics)
출처: 2024학년도 9월 모의고사 23번

KNOWLEDGE 사전

심리 통계학은 심리학 연구에서 데이터를 수집하고 분석하여
인간 행동과 사고를 객관적으로 이해하는 방법론적 학문이다.
변수 측정, 가설 검증, 상관관계 분석 등 통계적 기법을 활용하여
연구의 타당성과 신뢰성을 높이는 데 기여한다.

VOCA 사전

psychological	a. 심리학적인	psychological effect	심리학적 효과
statistics	n. 통계학	advanced statistics	고급 통계학
analyze	v. 분석하다	analyze data	데이터를 분석하다
hypothesis	n. 가설	test hypothesis	가설을 검증하다
reliability	n. 신뢰성	ensure reliability	신뢰성을 보장하다
correlation	n. 상관관계	positive correlation	양의 상관관계
validity	n. 타당성	test the validity	타당성을 검증하다

QUIZ

Q1. "correlation"의 의미로 가장 적절한 것은?

a) 측정

b) 실험

c) 상관관계

d) 오류

Q2. 우리말 의미에 맞게 다음 철자로 시작하는 영단어를 쓰세요.

a) 심리학적인 p_____

b) 분석하다 a_____

c) 상관관계 c_____

독해 CHALLENGE

Psychological statistics is a field that collects and analyzes data to understand human behavior and thought processes. It involves hypothesis testing, variable measurement, and statistical methods to ensure research reliability. By identifying correlations and testing independent variables, this discipline strengthens the validity of psychological studies. Accurate data analysis enhances the scientific credibility of findings in psychology.

Answer Keys

Q1: c) 상관관계

Q2: a) psychological / b) analyze / c) correlation

독해 CHALLENGE 해석

심리 통계학은 인간의 행동과 사고 과정을 이해하기 위해 데이터를 수집하고 분석하는 학문이다. 이는 가설 검증, 변수 측정, 통계적 방법을 활용하여 연구 신뢰도를 보장한다. 상관관계를 파악하고 독립변수를 검증함으로써, 심리 연구의 타당성을 강화한다. 정확한 데이터 분석은 심리학에서 연구 결과의 과학적 신뢰성을 향상시킨다.

32. 제조 산업과 천연 자원

(Manufacturing Industry and Natural Resources)

출처: 2024학년도 9월 모의고사 30번

KNOWLEDGE 사전

제조 산업은 천연 자원을 원료로 하여 제품을 생산하는 과정에서 환경에 큰 영향을 미친다. 지속 가능한 발전을 위해서는 자원의 효율적 이용과 재활용, 에너지 절약 기술의 도입이 필수적이다.

VOCA 사전

manufacturing	n. 제조업	manufacturing process	제조 공정
extraction	n. 추출	resource extraction	자원 추출
impact	v. 영향을 미치다	impact significantly	상당한 영향을 미치다
depletion	n. 고갈	resource depletion	자원 고갈
consumption	n. 소비	energy consumption	에너지 소비
efficiency	n. 효율성	improve efficiency	효율성을 향상시키다
ecological	a. 생태학적인	ecological balance	생태학적 균형

QUIZ

Q1. "sustainability"의 의미로 가장 적절한 것은?

a) 오염

b) 지속 가능성

c) 낭비

d) 채굴

Q2. 우리말 의미에 맞게 다음 철자로 시작하는 영단어를 쓰세요.

a) 제조업 m_____

b) 고갈 d_____

c) 생태학적인 e_____

독해 CHALLENGE

The manufacturing industry relies on natural resource extraction, but this process significantly impacts the environment. Resource depletion, industrial pollution, and energy consumption raise concerns about sustainability. To minimize environmental damage, increasing efficiency, promoting recycling, and adopting energy-saving technologies are essential. Sustainable practices ensure long-term resource availability while reducing ecological harm.

Answer Keys

Q1: b) 지속 가능성

Q2: a) manufacturing / b) depletion / c) ecological

독해 CHALLENGE 해석

제조 산업은 천연 자원의 채굴에 의존하지만, 이 과정은 환경에 큰 영향을 미친다. 자원 고갈, 산업 공해, 에너지 소비는 지속 가능성에 대한 문제를 제기한다. 환경 피해를 줄이기 위해 효율성을 높이고, 재활용을 촉진하며, 에너지 절약 기술을 도입하는 것이 필수적이다. 지속 가능한 관행은 생태학적 피해를 줄이면서 장기적인 자원 가용성을 보장한다.

33. Mendel의 유전 이론
(Mendel's Theory of Genetics)

출처: 2024학년도 9월 모의고사 33번

KNOWLEDGE 사전

멘델의 유전 이론은 유전자가 부모로부터 자손에게 전달되는 방식을 설명하는 이론이다. 그는 완두콩 실험을 통해 형질이 독립적으로 분리되고, 일정한 규칙에 따라 유전된다는 사실을 밝혀냈다.

VOCA 사전

inheritance	n. 유전, 유산	inheritance of traits	형질의 유전
dominant	a. 우성의	dominant trait	우성 형질
recessive	a. 열성의	recessive gene	열성 유전자
trait	n. 형질	inherited trait	유전된 형질
segregation	n. 분리	law of segregation	분리의 법칙
probability	n. 확률	probability of inheritance	유전 확률
variation	n. 변이	genetic variation	유전적 변이

QUIZ

Q1. "recessive"의 의미로 가장 적절한 것은?

a) 우성의

b) 유전의

c) 열성의

d) 변이의

Q2. 우리말 의미에 맞게 다음 철자로 시작하는 영단어를 쓰세요.

a) 유전 i_____

b) 확률 p_____

c) 형질 t_____

독해 CHALLENGE

Mendel's theory of genetics explains how traits are inherited from parents to offspring through predictable patterns. His experiments with pea plants revealed the laws of segregation and independent assortment, demonstrating that dominant and recessive traits are passed down separately. Genetic inheritance follows probability, allowing for variations among individuals. Mendel's discoveries laid the foundation for modern genetics and the study of hereditary traits.

Answer Keys

독해 CHALLENGE 해석

멘델의 유전 이론은 부모로부터 자손에게 형질이 예측 가능한 방식으로 전달되는 과정을 설명한다. 그는 완두콩 실험을 통해 분리의 법칙과 독립적 유전 원리를 밝혀내어, 우성 형질과 열성 형질이 각각 독립적으로 유전됨을 증명했다. 유전은 확률법칙을 따르는 과정을 따르며, 개인 간의 유전적 변이를 가능하게 한다. 멘델의 발견은 현대 유전학과 유전 형질 연구의 기초를 마련하였다.

34. 소비자 자본주의 (Consumer Capitalism)

출처: 2024학년도 9월 모의고사 34번

KNOWLEDGE 사전

소비자 자본주의는 소비자의 소비 활동이 경제 시스템을 주도하는 경제 구조를 의미한다. 기업들은 소비자의 욕구를 자극하여 지속적인 소비를 유도하며, 광고와 마케팅을 통해 제품과 서비스를 판매한다.

VOCA 사전

capitalism	n. 자본주의	consumer capitalism	소비자 자본주의
economic	a. 경제적인	economic growth	경제 성장
stimulate	v. 자극하다	stimulate demand	수요를 자극하다
consumption	n. 소비	mass consumption	대량 소비
financial	a. 재정적인	financial incentive	재정적 인센티브
reinforce	v. 강화하다	reinforce behavior	행동을 강화하다
cycle	n. 순환	economic cycle	경제 순환

QUIZ

Q1. "consumption"의 의미로 가장 적절한 것은?

a) 공급

b) 소비

c) 생산

d) 투자

Q2. 우리말 의미에 맞게 다음 철자로 시작하는 영단어를 쓰세요.

a) 자본주의 c_____

b) 소비 c_____

c) 강화하다 r_____

독해 CHALLENGE

Consumer capitalism is an economic system where consumer spending drives economic growth. Companies stimulate demand through advertisements and marketing strategies, encouraging continuous consumption. Mass consumption fuels the global economy, while financial incentives further reinforce purchasing behaviors. This cycle of demand and consumption shapes modern markets and influences societal trends.

Answer Keys

Q1: b) 소비

Q2: a) capitalism / b) consumption / c) reinforce

독해 CHALLENGE 해석

소비자 자본주의는 소비자의 지출이 경제 성장을 이끄는 경제 시스템이다. 기업들은 광고와 마케팅 전략을 활용하여 소비를 촉진하고, 지속적인 구매를 유도한다. 대량 소비는 세계 경제의 원동력이 되며, 금융적 혜택은 소비 행동을 더욱 강화한다. 이러한 소비와 수요의 순환 구조는 현대 시장을 형성하고 사회적 흐름에도 영향을 미친다.

35. 미시사
(Micro History)

출처: 2024학년도 9월 모의고사 40번

KNOWLEDGE 사전

미시사는 역사 연구의 한 분야로, 특정 개인, 사건, 지역을 중심으로 작은 규모의 역사를 연구하는 방법론이다. 이는 대규모 역사 서술과 달리, 일상적인 삶과 사회적 관계를 깊이 탐구하는 데 초점을 맞춘다.

VOCA 사전

history	n. 역사	social history	사회사
methodology	n. 방법론	research methodology	연구 방법론
narrative	n. 서술, 이야기	historical narrative	역사적 서술
perspective	n. 관점	historical perspective	역사적 관점
context	n. 맥락	cultural context	문화적 맥락
documentation	n. 문서화, 기록	historical documentation	역사적 문서화
interpretation	n. 해석	historical interpretation	역사적 해석

QUIZ

Q1. "narrative"의 의미로 가장 적절한 것은?

a) 연구

b) 서술, 이야기

c) 관점

d) 문서

Q2. 우리말 의미에 맞게 다음 철자로 시작하는 영단어를 쓰세요.

a) 방법론 m_____

b) 문서화 d_____

c) 해석 i_____

독해 CHALLENGE

Micro history is a historical methodology that focuses on small-scale studies of individuals, events, or local communities. Unlike grand historical narratives, it emphasizes personal experiences, social relationships, and cultural contexts. Through detailed documentation and interpretation, micro history provides deeper insights into everyday life. This approach enriches historical understanding by highlighting the complexities often overlooked in large-scale histories.

Answer Keys

Q1: b) 서술, 이야기
Q2: a) methodology / b) documentation / c) interpretation

독해 CHALLENGE 해석

미시사는 특정 개인, 사건, 또는 지역 사회를 중심으로 연구하는 역사적 방법론이다. 거시적 역사 서술과 달리, 개인의 경험과 사회적 관계, 문화적 맥락을 강조한다. 세부적인 문서화와 해석을 통해 일상생활에 대한 깊은 통찰을 제공한다. 이 접근법은 거시사에서 종종 간과되는 복잡성을 강조함으로써 역사적 이해를 풍부하게 한다.

36. 일반성과 특수성
(Generality and Specificity)

출처: 2024학년도 6월 모의고사 20번

KNOWLEDGE 사전

일반성과 특수성은 지식이나 개념을 적용하는 방식에서 중요한 개념이다. 지나친 특수성은 사고를 고정화할 위험이 있으며, 지나친 일반성은 모호함을 초래할 수 있다. 따라서 창의성과 생산성을 높이기 위해서는 두 개념의 균형이 필요하다.

VOCA 사전

generality	n. 일반성	broad generality	폭넓은 일반성
specificity	n. 특수성	high specificity	높은 특수성
conceptual	a. 개념적인	conceptual framework	개념적 틀
rigid	a. 경직된, 고정된	rigid structure	경직된 구조
ambiguity	n. 모호함	reduce ambiguity	모호함을 줄이다
adaptability	n. 적응력	cognitive adaptability	인지적 적응력
application	n. 적용	practical application	실용적 적용

QUIZ

Q1. "rigid"의 의미로 가장 적절한 것은?

a) 유연한

b) 경직된

c) 실용적인

d) 모호한

Q2. 우리말 의미에 맞게 다음 철자로 시작하는 영단어를 쓰세요.

a) 특수성 s＿＿＿＿＿＿＿＿

b) 모호함 a＿＿＿＿＿＿＿＿

c) 적용 a＿＿＿＿＿＿＿

독해 CHALLENGE

Generality and specificity play crucial roles in how knowledge and concepts are applied. Excessive specificity can lead to rigid thinking, while too much generality may create ambiguity. Balancing these two allows for greater cognitive adaptability, fostering both creativity and productivity. A well-structured approach ensures that ideas remain practical while still allowing for broad application.

Answer Keys

Q1: b) 경직된

Q2: a) specificity / b) ambiguity / c) application

독해 CHALLENGE 해석

일반성과 특수성은 지식과 개념을 적용하는 데 중요한 역할을 한다. 특수성이 지나치면 사고가 경직될 수 있으며, 일반성이 과하면 개념이 모호해질 수 있다. 이 두 요소의 균형을 맞추면 인지적 적응성이 높아져 창의성과 생산성이 향상된다. 체계적인 접근 방식을 통해 아이디어를 실용적으로 유지하면서도 폭넓게 활용할 수 있다.

37. 가상세계의 위험성
(Risk of Virtual World)

출처: 2024학년도 6월 모의고사 22번

KNOWLEDGE 사전

가상세계에서는 현실과 달리 물리적인 위험이 없다고 느껴지지만,

정보 조작과 익명성을 악용한 문제들이 발생할 수 있다.

특히, 가짜 정보나 온라인 사기가 증가하면서 가상세계의 신뢰성과

보안 문제가 중요해지고 있다.

VOCA 사전

virtual	a. 가상의	virtual reality	가상 현실
manipulation	n. 조작	data manipulation	데이터 조작
deception	n. 속임수, 기만	online deception	온라인 기만
anonymity	n. 익명성	online anonymity	온라인 익명성
security	n. 보안	national security	국가 안보
credibility	n. 신뢰성	loss of credibility	신뢰성 상실
exposure	n. 노출	exposure to risk	위험 노출

QUIZ

Q1. "manipulation"의 의미로 가장 적절한 것은?

a) 조작

b) 노출

c) 보안

d) 신뢰성

Q2. 우리말 의미에 맞게 다음 철자로 시작하는 영단어를 쓰세요.

a) 익명성 a_____

b) 보안 s_____

c) 신뢰성 c_____

독해 CHALLENGE

The virtual world may seem free from physical dangers, but it presents risks such as data manipulation and online deception. Anonymity can be misused, leading to cybersecurity threats and a loss of credibility in digital interactions. As fake information and scams spread, ensuring security and maintaining trust in virtual spaces becomes increasingly important. Awareness and preventive measures are essential to minimize exposure to these risks.

Answer Keys

Q1: a) 조작

Q2: a) anonymity / b) security / c) credibility

독해 CHALLENGE 해석

가상 세계는 물리적 위험이 없는 것처럼 보이지만, 데이터 조작과 온라인 기만과 같은 위험이 존재한다. 익명성이 악용되면 사이버 보안 위협이 증가하고, 디지털 환경에서 신뢰성이 약화될 수 있다. 허위 정보와 사기가 확산됨에 따라, 가상 공간에서의 보안 강화와 신뢰 유지가 더욱 중요해지고 있다. 이러한 위험을 줄이려면 경각심을 갖고 예방 조치를 마련하는 것이 필수적이다.

38. 하이퍼 모빌리티
(Hyper Mobility)
출처: 2024학년도 6월 모의고사 24번

KNOWLEDGE 사전

하이퍼 모빌리티는 첨단 기술을 활용하여 도시와 교통 시스템을 효율적으로 통합하는 새로운 이동 패러다임이다. 전기차, 자율주행차, 공유 모빌리티 등의 혁신으로 이동성과 지속가능성이 향상되지만, 기술 접근성의 불균형으로 도시 불평등 문제가 심화될 수 있다.

VOCA 사전

mobility	n. 이동성	urban mobility	도시 이동성
efficiency	n. 효율성	fuel efficiency	연료 효율성
sustainability	n. 지속 가능성	sustainability efforts	지속 가능성 노력
accessibility	n. 접근성	digital accessibility	디지털 접근성
infrastructure	n. 기반 시설	transport infrastructure	교통 기반 시설
integration	n. 통합	system integration	시스템 통합
congestion	n. 혼잡	traffic congestion	교통 혼잡

QUIZ

Q1. "congestion"의 의미로 가장 적절한 것은?

a) 이동성

b) 접근성

c) 혼잡

d) 효율성

Q2. 우리말 의미에 맞게 다음 철자로 시작하는 영단어를 쓰세요.

    a) 이동성 m_____

    b) 접근성 a_____

    c) 통합 i_____

독해 CHALLENGE

Hyper mobility refers to a new transportation paradigm that integrates advanced technology with urban mobility systems. Innovations such as electric vehicles, autonomous cars, and shared mobility enhance efficiency and sustainability. However, issues of accessibility and urban inequality may arise as infrastructure development does not always benefit all populations equally. Balancing technological advancement with equitable access is essential for the future of transportation.

Answer Keys

독해 CHALLENGE 해석

하이퍼 모빌리티는 첨단 기술과 도시 이동 시스템을 통합하는 새로운 교통 패러다임을 의미한다. 전기차, 자율주행차, 공유 모빌리티 등의 혁신은 효율성과 지속 가능성을 높인다. 하지만 기반 시설 개발이 모든 계층에 동일한 혜택을 제공하지 않으면서 접근성과 도시 불평등 문제가 발생할 수 있다. 기술적 진보와 공평한 접근성 사이의 균형을 맞추는 것은 교통의 미래를 위해 필수적이다.

39. 인공지능 에이전트 (AI Agent)

출처: 2024학년도 6월 모의고사 30번

KNOWLEDGE 사전

인공지능 에이전트는 데이터를 분석하고 패턴을 학습하여 인간의 업무를 보조하거나 대신 수행하는 소프트웨어다. 음성 인식, 자연어 처리 등의 기술을 활용하여 의사 결정을 돕고, 다양한 산업에서 활용되고 있다.

VOCA 사전

agent	n. 대리인, 에이전트	intelligent agent	지능형 에이전트
automation	n. 자동화	process automation	프로세스 자동화
recognition	n. 인식	speech recognition	음성 인식
processing	n. 처리	data processing	데이터 처리
analysis	n. 분석	predictive analysis	예측 분석
efficiency	n. 효율성	work efficiency	업무 효율성
adaptation	n. 적응	machine adaptation	기계 적응

QUIZ

Q1. "recognition"의 의미로 가장 적절한 것은?

a) 분석

b) 인식

c) 자동화

d) 처리

Q2. 우리말 의미에 맞게 다음 철자로 시작하는 영단어를 쓰세요.

a) 자동화 a_____

b) 분석 a_____

c) 처리 p_____

독해 CHALLENGE

An AI agent is a software system that analyzes data and learns patterns to assist or replace human tasks. Using technologies like speech recognition and natural language processing, it enhances decision-making and improves work efficiency. AI agents are widely used across industries, automating processes and optimizing data analysis. Their ability to adapt to new environments makes them valuable tools for increasing productivity.

Answer Keys

독해 CHALLENGE 해석

인공지능 에이전트는 데이터를 분석하고 패턴을 학습하여 인간의 업무를 보조하거나 대체하는 소프트웨어 시스템이다. 음성 인식과 자연어 처리 같은 기술을 활용하여 의사 결정을 돕고 업무 효율성을 향상시킨다. 다양한 산업 에서 활용되며, 업무를 자동화하고 데이터 분석을 최적화하는 데 기여한다. 새로운 환경에 적응하는 능력 덕분에, 생산성을 높이는 데 중요한 역할을 한다.

40.정치적 소비주의
(Political Consumerism)

출처: 2024학년도 6월 모의고사 31번

KNOWLEDGE 사전

정치적 소비주의는 소비자가 제품이나 브랜드 선택을 통해 정치적 의견을 표현하는 현상이다. 윤리적 생산, 환경 보호, 인권 등의 문제를 고려하여 특정 기업을 지지하거나 보이콧하는 방식으로 이루어진다.

VOCA 사전

consumerism	n. 소비주의	ethical consumerism	윤리적 소비주의
boycott	v. 불매 운동하다	boycott a brand	브랜드 불매 운동하다
activism	n. 행동주의	political activism	정치적 행동주의
sustainability	n. 지속 가능성	environmental sustainability	환경적 지속 가능
ethics	n. 윤리	business ethics	기업 윤리
corporate	a. 기업의	corporate responsibility	기업의 책임
awareness	n. 인식	consumer awareness	소비자 인식

QUIZ

Q1. "activism"의 의미로 가장 적절한 것은?

a) 소비주의

b) 지속 가능성

c) 행동주의

d) 기업 윤리

Q2. 우리말 의미에 맞게 다음 철자로 시작하는 영단어를 쓰세요.

a) 불매 운동하다 b_____

b) 기업의 c_____

c) 윤리 e_____

독해 CHALLENGE

Political consumerism refers to consumers expressing their political opinions through purchasing decisions. By supporting ethical brands or boycotting companies, individuals advocate for issues such as environmental sustainability, human rights, and corporate responsibility. This form of activism raises consumer awareness and pressures businesses to adopt ethical practices. As a result, consumer choices influence both market trends and social change.

Answer Keys

Q1: c) 행동주의

Q2: a) boycott / b) corporate / c) ethics

독해 CHALLENGE 해석

정치적 소비주의는 소비자가 구매 결정을 통해 정치적 의견을 표현하는 현상이다. 소비자는 윤리적인 브랜드를 지지하거나 특정 기업에 대한 불매 운동을 통해 환경 지속 가능성, 인권, 기업의 사회적 책임과 같은 문제를 옹호할 수 있다. 이러한 소비자 운동은 소비자의 인식을 높이고, 기업이 윤리적 경영을 실천하도록 압박한다. 따라서, 소비자의 선택은 시장 트렌드뿐만 아니라 사회적 변화에도 영향을 준다.

41. 컴퓨터 소프트웨어 보안
(Computer Software Security)

출처: 2024학년도 6월 모의고사 36번

KNOWLEDGE 사전

컴퓨터 소프트웨어 보안은 악성 소프트웨어, 해킹, 데이터 유출로부터 시스템을 보호하는 기술과 방법을 의미한다. 암호화, 침입 탐지 시스템, 보안 업데이트 등을 통해 정보의 기밀성과 무결성을 유지하는 것이 중요하다.

VOCA 사전

security	n. 보안	data security	데이터 보안
encryption	n. 암호화	data encryption	데이터 암호화
firewall	n. 방화벽	install a firewall	방화벽을 설치하다
authentication	n. 인증	user authentication	사용자 인증
vulnerability	n. 취약점	security vulnerability	보안 취약점
breach	n. 침해	security breach	보안 침해
malware	n. 악성 소프트웨어	detect malware	악성 소프트웨어를 감지하다

QUIZ

Q1. "encryption"의 의미로 가장 적절한 것은?

a) 인증

b) 암호화

c) 보안 취약점

d) 침입 탐지

Q2. 우리말 의미에 맞게 다음 철자로 시작하는 영단어를 쓰세요.

a) 방화벽 f_____

b) 취약점 v_____

c) 악성 소프트웨어 m_____

독해 CHALLENGE

Computer software security involves protecting systems from malware, hacking, and data breaches. Encryption, firewalls, and authentication methods help to ensure data confidentiality and integrity. Addressing security vulnerabilities and implementing regular updates reduce the risk of breaches. Strong cybersecurity measures are essential for maintaining a secure and reliable computing environment.

Answer Keys

Q1: b) 암호화

Q2: a) firewall / b) vulnerability / c) malware

독해 CHALLENGE 해석

컴퓨터 소프트웨어 보안은 악성 소프트웨어, 해킹, 데이터 침해로부터 시스템을 보호하는 것을 의미한다. 암호화, 방화벽, 인증 기법을 활용하여 데이터의 기밀성과 무결성을 유지한다. 보안 취약점을 해결하고 정기적인 업데이트를 수행하면 침해 위험을 줄일 수 있다. 강력한 사이버 보안 조치는 안전하고 신뢰할 수 있는 컴퓨팅 환경을 유지하는 데 필수적이다.

42. 다윈
(Darwin)

출처: 2024학년도 6월 모의고사 37번

KNOWLEDGE 사전

찰스 다윈은 자연선택 이론을 통해 진화론을 발전시킨 생물학자이다.

그는 생물이 환경에 적응하면서 점진적으로 변화하고,

생존에 유리한 특성이 후대에 전달된다고 주장했다.

VOCA 사전

evolution	n. 진화	theory of evolution	진화 이론
selection	n. 선택	natural selection	자연 선택
species	n. 종	endangered species	멸종 위기 종
adaptation	n. 적응	environmental adaptation	환경 적응
inheritance	n. 유전, 유산	genetic inheritance	유전적 유산
variation	n. 변이	genetic variation	유전적 변이
competition	n. 경쟁	survival competition	생존 경쟁

QUIZ

Q1. "adaptation"의 의미로 가장 적절한 것은?

a) 경쟁

b) 적응

c) 선택

d) 유전

Q2. 우리말 의미에 맞게 다음 철자로 시작하는 영단어를 쓰세요.

a) 종 s_____

b) 진화 e_____

c) 변이 v_____

독해 CHALLENGE

Charles Darwin revolutionized biology with his theory of evolution through natural selection. He proposed that species gradually change over time as they adapt to their environment, with beneficial traits being passed down through inheritance. Genetic variation and survival competition play key roles in shaping species' evolution. His work remains fundamental to understanding biological adaptation and diversity.

Answer Keys

Q1: b) 적응

Q2: a) species / b) evolution / c) variation

독해 CHALLENGE 해석

찰스 다윈은 자연선택에 의한 진화론을 통해 진화론을 발전시킨 생물학자이다. 그는 생물이 환경에 적응하면서 점진적으로 변화하고, 유리한 형질이 유전을 통해 후대에 전달된다고 주장했다. 유전적 변이와 생존 경쟁은 종의 진화 과정에서 중요한 역할을 한다. 그의 연구는 생물학적 적응과 다양성을 이해하는 데 있어 핵심적인 기초를 제공한다.

43. 과학자의 도덕적 가치관 형성

(Formation of Ethical Values of Scientists)

출처: 2024학년도 6월 모의고사 38번

KNOWLEDGE 사전

> 과학자는 동료들과의 협력과 연구 윤리를 통해 도덕적 가치관을 형성한다.
>
> 실험 조작, 데이터 조작을 방지하고 객관성을 유지하는 것이 중요하다.

VOCA 사전

ethics	n. 윤리	research ethics	연구 윤리
integrity	n. 정직성	scientific integrity	과학적 정직성
collaboration	n. 협력	research collaboration	연구 협력
accountability	n. 책임	ethical accountability	윤리적 책임
misconduct	n. 부정 행위	scientific misconduct	과학적 부정 행위
transparency	n. 투명성	data transparency	데이터 투명성
bias	n. 편향	avoid bias	편향을 피하다

QUIZ

Q1. "integrity"의 의미로 가장 적절한 것은?

a) 협력

b) 정직성

c) 편향

d) 책임

Q2. 우리말 의미에 맞게 다음 철자로 시작하는 영단어를 쓰세요.

a) 윤리 e_____

b) 편향 b_____

c) 협력 c_____

독해 CHALLENGE

Scientists develop ethical values through research integrity, collaboration, and adherence to ethical guidelines. Maintaining transparency and accountability helps prevent scientific misconduct, such as data manipulation or biased reporting. Ethical responsibility ensures objectivity and credibility in research findings. By fostering a culture of integrity, scientists contribute to the advancement of knowledge and public trust in science.

Answer Keys

Q1: b) 정직성

Q2: a) ethics / b) bias / c) collaboration

독해 CHALLENGE 해석

과학자는 연구의 정직성, 협력, 윤리적 기준 준수를 통해 도덕적 가치관을 형성한다. 데이터 조작이나 편향된 보고와 같은 과학적 부정 행위를 방지하기 위해 투명성과 책임감을 유지하는 것이 중요하다. 윤리적 책임은 연구의 객관성과 신뢰성을 보장하는 역할을 한다. 정직성을 중시하는 연구 문화를 조성함으로써, 과학자는 지식 발전과 과학에 대한 대중의 신뢰 형성에 기여한다.

44. 자연 선택
(Natural Selection)

출처: 2024학년도 6월 모의고사 40번

KNOWLEDGE 사전

자연 선택은 환경에 적응한 개체들이 생존하고 번식하는 과정을 의미한다. 생존에 유리한 형질을 가진 개체들이 후손을 남겨 점진적으로 종의 특성이 변화한다.

VOCA 사전

selection	n. 선택	natural selection	자연 선택
species	n. 종	endangered species	멸종 위기 종
trait	n. 특징	inherited trait	유전된 특징
evolution	n. 진화	theory of evolution	진화 이론
survival	n. 생존	struggle for survival	생존을 위한 투쟁
adaptation	n. 적응	environmental adaptation	환경 적응
reproduction	n. 번식	sexual reproduction	유성 생식

QUIZ

Q1. "trait"의 의미로 가장 적절한 것은?

a) 종

b) 생존

c) 특징

d) 선택

Q2. 우리말 의미에 맞게 다음 철자로 시작하는 영단어를 쓰세요.

a) 적응 a_____

b) 생존 s_____

c) 번식 r_____

독해 CHALLENGE

Natural selection is the process by which organisms best adapted to their environment survive and reproduce. Over time, favorable traits become more common within a species, leading to gradual evolutionary changes. This selection mechanism drives the survival of species and influences biodiversity. Through adaptation and reproduction, natural selection shapes the characteristics of living organisms.

Answer Keys

Q1: c) 특징

Q2: a) adaptation / b) survival / c) reproduction

독해 CHALLENGE 해석

자연 선택은 환경에 가장 잘 적응한 생물들이 생존하고 번식하는 과정이다. 시간이 지나면서 유리한 형질이 종 내에서 점점 더 일반화되며, 점진적인 진화적 변화가 발생한다. 이 선택 메커니즘은 종의 생존을 이끌고 생물 다양성에 영향을 미친다. 적응과 생식을 통해, 자연 선택은 생물의 특성을 형성한다.

45. 협상의 오해
(Misunderstanding of Negotiation)

출처: 2024학년도 6월 모의고사 41~42번

KNOWLEDGE 사전

많은 사람들은 협상이 '고정된 파이'를 나누는 것이라고 생각하지만,

협상에서는 서로의 이익을 극대화할 새로운 방법을 찾을 수도 있다.

따라서 협상은 제로섬 게임이 아니라 창의적인 해결책을

도출하는 과정이 될 수 있다.

VOCA 사전

assume	v. 가정하다	assume the worst	최악의 상황을 가정하다
negotiation	n. 협상	successful negotiation	성공적인 협상
perspective	n. 관점	different perspective	다른 관점
adopt	v. 채택하다	adopt strategy	전략을 채택하다
maximize	v. 극대화하다	maximize profit	이익을 극대화하다
resolution	n. 해결	conflict resolution	갈등 해결
strategic	a. 전략적인	strategic approach	전략적 접근법

QUIZ

Q1. "negotiation"의 의미로 가장 적절한 것은?

a) 선언

b) 협상

c) 설명

d) 배치

Q2. 우리말 의미에 맞게 다음 철자로 시작하는 영단어를 쓰세요.

a) 가정하다 a_____

b) 관점 p_____

c) 극대화하다 m_____

독해 CHALLENGE

Many people assume that negotiation is simply about dividing a fixed amount of resources, but it can also create value for both parties. By considering different perspectives and adopting creative strategies, negotiators can reach solutions that maximize mutual benefits. Effective negotiation is not a zero-sum game but a process of conflict resolution and collaboration. Recognizing this broader perspective allows for more productive and strategic negotiations.

Answer Keys

Q1: b) 협상

Q2: a) assume / b) perspective / c) maximize

독해 CHALLENGE 해석

많은 사람들은 협상이 단순히 정해진 자원을 나누는 과정이라고 가정하지만, 협상을 통해 서로에게 이익이 되는 새로운 해결책을 찾을 수도 있다. 다양한 관점을 고려하고 창의적인 전략을 활용하면, 상호 이익을 극대화하는 해결책에 도달할 수 있다. 효과적인 협상은 제로섬 게임이 아니라 갈등을 해결하고 협력하는 과정이다. 이 더 넓은 관점을 인식하는 것은 더 생산적이고 전략적인 협상을 가능하게 한다.

46. 확률 이론
(Theory of Probability)

출처: 2023학년도 수능 20번

KNOWLEDGE 사전

확률 이론은 어떤 사건이 발생할 가능성을 수학적으로 분석하는 학문이다. 이를 통해 우리는 불확실한 상황에서 합리적인 예측을 하거나 의사 결정을 내릴 수 있다.

VOCA 사전

probability	n. 확률	high probability	높은 확률
likelihood	n. 가능성	strong likelihood	높은 가능성
statistical	a. 통계의	statistical analysis	통계 분석
uncertainty	n. 불확실성	reduce uncertainty	불확실성을 줄이다
predict	v. 예측하다	predict future trends	미래 경향을 예측하다
outcome	n. 결과	possible outcome	가능한 결과
rational	a. 합리적인, 이성적인	rational decision	이성적인 결정

QUIZ

Q1. "uncertainty"의 의미로 가장 적절한 것은?

a) 확률

b) 가능성

c) 불확실성

d) 사건

Q2. 우리말 의미에 맞게 다음 철자로 시작하는 영단어를 쓰세요.

a) 가능성 l_____

b) 결과 o_____

c) 예측하다 p_____

독해 CHALLENGE

The theory of probability is a mathematical framework used to analyze the likelihood of events occurring. By applying statistical methods, it helps to reduce uncertainty and predict possible outcomes in various situations. Understanding probability enables rational decision-making, especially in uncertain conditions. This field plays a crucial role in science, economics, and everyday problem-solving.

Answer Keys

독해 CHALLENGE 해석

확률 이론은 사건이 발생할 가능성을 분석하는 데 사용되는 수학적 체계이다. 통계적 방법을 적용함으로써 불확실성을 줄이고 다양한 상황에서 가능한 결과를 예측할 수 있다. 확률을 이해하면 특히 불확실한 상황에서 합리적인 의사 결정을 내리는 데 도움이 된다. 이 분야는 과학, 경제학, 그리고 일상적인 문제 해결에서 중요한 역할을 한다.

47. 계몽 사상 (The Enlightenment)

출처: 2023학년도 수능 21번

KNOWLEDGE 사전

계몽 사상은 17~18세기 유럽에서 등장한 철학적 운동으로, 이성과 합리성을 통해 사회를 변화시키려 했다. 자유와 평등, 인간의 권리를 강조하며 근대 민주주의 발전에 큰 영향을 미쳤다.

VOCA 사전

reason	n. 이성	human reason	인간의 이성
rationality	n. 합리성	scientific rationality	과학적 합리성
liberty	n. 자유	individual liberty	개인의 자유
equality	n. 평등	social equality	사회적 평등
revolution	n. 혁명	intellectual revolution	지적 혁명
philosophy	n. 철학	political philosophy	정치 철학
democracy	n. 민주주의	modern democracy	현대 민주주의

QUIZ

Q1. "liberty"의 의미로 가장 적절한 것은?

a) 평등

b) 자유

c) 합리성

d) 철학

Q2. 우리말 의미에 맞게 다음 철자로 시작하는 영단어를 쓰세요.

a) 이성 r_____

b) 혁명 r_____

c) 철학 p_____

독해 CHALLENGE

The Enlightenment was a philosophical movement in 17th- and 18th-century Europe that sought to transform society through reason and rationality. It emphasized liberty, equality, and human rights, challenging traditional authority and promoting intellectual revolution. The ideas of Enlightenment thinkers greatly influenced modern democracy and political philosophy. This movement laid the foundation for many social and political reforms that continue to shape societies today.

Answer Keys

Q1: b) 자유

Q2: a) reason / b) revolution / c) philosophy

독해 CHALLENGE 해석

계몽 사상은 17~18세기 유럽에서 이성과 합리성을 통해 사회를 변화시키려 했던 철학적 운동이다. 이 운동은 자유, 평등, 인간의 권리를 강조하며 전통적 권위에 도전하고 지적 혁명을 촉진했다. 계몽 사상가들의 사상은 현대 민주주의와 정치 철학에 큰 영향을 미쳤다. 이 운동은 오늘날에도 사회를 형성하는 많은 사회적, 정치적 개혁의 기초를 마련하였다.

48. 쐐기 문자
(Cuneiform Script)

출처: 2021학년도 수능 30번

KNOWLEDGE 사전

쐐기 문자는 수메르인들이 기원전 3100년경 점토판에 새긴 세계 최초의

문자 체계 중 하나다. 쐐기 모양의 기호를 사용하여 기록하며,

행정 문서, 법률, 문학 작품을 기록하는 데 활용되었다.

VOCA 사전

script	n. 문자 체계	ancient script	고대 문자 체계
symbol	n. 기호	writing symbol	문자 기호
inscription	n. 새겨진 글	stone inscription	돌에 새겨진 글
document	n. 문서	historical document	역사적 문서
record	v. 기록하다	record history	역사를 기록하다
invention	n. 발명	invention of writing	문자의 발명
decode	v. 해독하다	decode ancient texts	고대 문자 해독하다

QUIZ

Q1. "decode"의 의미로 가장 적절한 것은?

a) 해독하다

b) 기록하다

c) 발명하다

d) 기호

Q2. 우리말 의미에 맞게 다음 철자로 시작하는 영단어를 쓰세요.

a) 문자 체계 s_____

b) 기호 s_____

c) 문서 d_____

독해 CHALLENGE

Cuneiform script, developed by the Sumerians around 3100 BCE, is one of the earliest writing systems in history. Using wedge-shaped symbols, it was inscribed on clay tablets to record administrative documents, laws, and literary works. The invention of writing allowed civilizations to document history and manage complex societies. Decoding these inscriptions provides valuable insights into ancient cultures and their advancements.

Answer Keys

Q1: a) 해독하다

Q2: a) script / b) symbol / c) document

독해 CHALLENGE 해석

쐐기 문자는 기원전 3100년경 수메르인들이 개발한 세계 최초의 문자 체계 중 하나이다. 쐐기 모양의 기호를 사용하여 점토판에 새겼으며, 행정 문서, 법률, 문학 작품을 기록하는 데 활용되었다. 문자의 발명은 역사를 기록하고 복잡한 사회를 관리할 수 있게 했다. 이러한 문자들을 해독하면 고대 문명과 그 발전에 대한 중요한 통찰을 얻을 수 있다.

49. 뇌의 시각 체계
(Brain's Visual System)

출처: 2023학년도 수능 24번

KNOWLEDGE 사전

뇌의 시각 체계는 눈을 통해 들어온 정보를 처리하는 역할을 한다.

시각 피질이 빛을 감지하여 물체의 형태, 색상, 움직임을 인식하고,

이를 바탕으로 우리가 세상을 이해할 수 있도록 돕는다.

VOCA 사전

visual	a. 시각적인	visual perception	시각적 인식
cortex	n. 피질	visual cortex	시각 피질
perception	n. 지각	depth perception	깊이 지각
recognition	n. 인식	pattern recognition	패턴 인식
neuron	n. 뉴런, 신경세포	neural network	신경망
process	v. 처리하다	process information	정보를 처리하다
signal	n. 신호	visual signal	시각 신호

QUIZ

Q1. "perception"의 의미로 가장 적절한 것은?

a) 피질

b) 신호

c) 지각

d) 뉴런

Q2. 우리말 의미에 맞게 다음 철자로 시작하는 영단어를 쓰세요.

a) 피질 c_____

b) 뉴런 n_____

c) 인식 r_____

독해 CHALLENGE

The brain's visual system processes information received through the eyes, allowing us to perceive the world. The visual cortex detects light and interprets shapes, colors, and motion to form a coherent image. Neurons transmit visual signals, enabling pattern recognition and depth perception. This complex processing system helps us navigate and understand our surroundings effectively.

Answer Keys

독해 CHALLENGE 해석

뇌의 시각 체계는 눈을 통해 들어온 정보를 처리하여 우리가 세상을 인식할 수 있도록 한다. 시각피질은 빛을 감지하고, 물체의 형태, 색상, 움직임을 해석하여 통합된 이미지를 형성한다. 뉴런은 시각 신호를 전달하며, 이를 통해 패턴 인식과 깊이 지각이 가능해진다. 이 복잡한 처리 시스템은 우리가 주변 환경을 효과적으로 탐색하고 이해하는 데 도움을 준다.

50. 산업 혁명
(Industrial Revolution)

출처: 2023학년도 수능 30번

KNOWLEDGE 사전

산업 혁명은 18세기 후반부터 19세기에 걸쳐 진행된 경제와 사회의

대변혁을 의미한다. 기계 공업의 발전으로 생산력이 증가하고

도시화가 촉진되었으며, 생활 방식과 경제 구조가 크게 변화했다.

VOCA 사전

revolution	n. 혁명	industrial revolution	산업 혁명
mechanization	n. 기계화	mechanization of labor	노동의 기계화
innovation	n. 혁신	technological innovation	기술 혁신
productivity	n. 생산성	increase productivity	생산성을 증가시키다
labor	n. 노동	labor force	노동력
urbanization	n. 도시화	rapid urbanization	급속한 도시화
infrastructure	n. 기반 시설	industrial infrastructure	산업 기반 시설

QUIZ

Q1. "mechanization"의 의미로 가장 적절한 것은?

a) 노동

b) 도시화

c) 기계화

d) 생산성

Q2. 우리말 의미에 맞게 다음 철자로 시작하는 영단어를 쓰세요.

a) 혁신 i_____

b) 노동 l_____

c) 도시화 u_____

독해 CHALLENGE

The Industrial Revolution was a period of economic and social transformation from the late 18th to the 19th century. Mechanization and technological innovation dramatically increased productivity, reshaping industries and labor forces. Urbanization expanded as people moved to cities for factory jobs, leading to significant changes in infrastructure and daily life. This revolution laid the foundation for modern industrial society and global economic growth.

Answer Keys

Q1: c) 기계화

Q2: a) innovation / b) labor / c) urbanization

독해 CHALLENGE 해석

산업 혁명은 18세기 후반부터 19세기에 걸쳐 경제와 사회가 크게 변화한 시기였다. 기계화와 기술 혁신은 생산성을 급격히 증가시키며 산업과 노동 구조를 재편했다. 공장 노동을 위해 사람들이 도시로 이동하면서 도시화가 가속화되었고, 기반 시설과 생활 방식에 큰 변화가 일어났다. 이 혁명은 현대 산업 사회와 세계 경제 성장의 기반을 마련했다.

수능영어지식사전

ⓒ정승익

초판 1쇄 인쇄 | 2025년 4월 5일

지은이 | 정승익

편집인 | 김진호

디자인 | 주서윤

마케팅 | 네버기브업

펴낸곳 | 네버기브업

ISBN | 979-11-94600-08-4(53190)

이메일 | nevernevergiveup2024@gmail.com